Combat pour le bon sens

René Monory

Combat pour le bon sens

Albin Michel

22, rue Huyghens 75014 Paris

ISBN 2-226-01664-3

Pour les deux ans de ma petite-fille Chloé,
en lui souhaitant de trouver,
quand elle en aura vingt,
un monde aussi libre et heureux
que celui que j'ai rencontré.

AVANT-PROPOS

On pourrait s'attendre que, publiant un livre en cet an III de l'ère socialiste, je me dispose à diriger une diatribe contre le pouvoir en place. Mes précédentes fonctions de ministre de l'Économie indiqueraient assez le sujet de mon propos si tel était mon but, à l'heure où des politiques successives et contradictoires ont orienté la France vers un déclin économique.

On pourrait s'attendre que je critique, chiffres à l'appui, les options prises par des hommes que séparent de leurs prédécesseurs responsables de la chose publique leur conception de la société, la façon dont ils jugent bon de faire vivre les Français entre eux, de conduire nos finances et aussi d'envisager la destinée humaine dans son acceptation la plus haute.

Mais le débat politique est une chose ; j'ai préféré une autre démarche et livrer à mes concitoyens la réflexion sereine d'un homme qui veut dépasser les luttes du moment. Je pense en effet que la situation présente, si elle marque une rupture de fond, n'en vient pas moins à la suite de tout un développement et qu'elle sera suivie, d'une manière ou d'une autre, d'un avenir qu'il nous faut dès maintenant envisager si nous voulons, le moment venu, le maîtriser.

Cet avenir ne pourra jamais être un retour à la situation antérieure. Il y a des directions prises qui resteront marquées.

On devra certainement revenir sur des décisions malencontreuses ou catastrophiques, mais ce ne sera pas pour substituer un plan à un autre sans autre forme de procès car, dans l'intervalle, la France aura continué de vivre. Il faudra la reprendre où elle en sera et, pour cela, suivre attentivement dès maintenant son évolution.

L'épisode socialo-communiste, en d'autres termes, ne saurait être tenu pour un intermède, où comme au théâtre, on enchaînerait sur l'acte précédent. Qu'on l'apprécie ou non, il est lui-même un acte dans la suite de la pièce.

Aussi me suis-je efforcé d'être un observateur responsable et non un censeur délibéré, d'apercevoir sous le flux des événements et des transformations la ligne continue qu'il faudra redresser sans la rompre, de même que sur un bateau on corrige par petites bordées le cap menant droit sur une batture.

Nous ne serons à la hauteur voulue pour le faire que si nous dominons sans passion partisane le débat politique.

Qui suis-je pour confier ainsi le fruit de mes réflexions au public et parler de l'avenir de la France ? On le verra dans la première partie de l'ouvrage, où j'ai voulu retracer mon itinéraire personnel et politique, non par souci de prendre place dans la galerie des portraits, mais pour que le lecteur sache sur quelle expérience je m'appuie en tentant cette analyse.

Que le lecteur veuille bien voir en moi un homme de bonne foi et, j'espère, de bon sens, formé sur le terrain, à travers les luttes quotidiennes. Ma carrière a consisté à gravir les échelons des responsabilités et non à faire irruption dans le concert politique où une ambition m'aurait jeté.

J'aurai atteint mon but si je me suis montré utile à la France.

Première partie

HISTOIRE D'UN FRANÇAIS TRANQUILLE

1.

Tu seras mécanicien !

Pour la grande majorité des Français, mon nom est celui d'un ministre du précédent septennat ; c'est aussi celui d'une loi sur l'épargne et d'un ardent défenseur de la liberté de l'économie.

Personne ne pense que l'État dispose d'une sorte de pépinière d'où il extrairait selon les nécessités des ministres tout faits, nés pour cette fonction et ne servant qu'à cela. Il existe pourtant des hommes, et depuis quelque temps des femmes, que l'opinion considère comme prédisposés à remplir des fonctions ministérielles, des « ministrables » qu'un jour ou l'autre une situation politique favorable confirme dans une fonction pour laquelle ils semblaient faits. Tel n'est pas mon cas.

Le 6 juin 1923, date de ma naissance à Loudun, dans la Vienne, seule une fée poitevine très perspicace aurait pu prédire ma carrière. De longues années encore, celle-ci ne pouvait apparaître ni à mes parents, ni à mes concitoyens, ni à moi-même. Je n'étais pas non plus le petit garçon qui rêve d'être un jour ministre ou président de la République. Si j'avais caressé un tel rêve, cela aurait été sans aucune vraisemblance. Pour parler franc, dans mes jeunes années, il n'y avait même aucune probabilité que je devienne un jour maire de ma commune.

Mon père était né dans un petit village des environs proches de Loudun, d'un journalier agricole ; ma grand-mère paternelle exerçait un métier aujourd'hui disparu : elle vendait des moules et des sardines en parcourant la campagne dans une charrette à cheval. Probablement bon élève, mon père avait passé son certificat d'études. Après son apprentissage de mécanicien, il partit faire ce qu'on appelait son « tour de France », allant à bicyclette de ville en ville pour parfaire son métier. C'était un homme épris de liberté.

Ma mère était d'origine plus humble encore. Née dans un village de la Creuse, elle perdit son père à l'âge de neuf ans. Sa mère, sans ressources, la « mit en place » chez un cultivateur. A neuf ans, elle devait s'occuper à la ferme « comme une grande ». Elle gardera toujours, parmi les souvenirs de cette enfance rude, celui d'avoir dû aller chercher l'eau dans la montagne, à plus d'un kilomètre, besogne qui la rendait bleue de peur. Elle gagnait trente-cinq francs par an et... une paire de sabots de bois. Il lui resta toute sa vie la crainte de manquer, le souci d'économiser, bien qu'elle montrât beaucoup de générosité envers les autres.

Quand certains journaux me représentaient comme un nanti, je pouvais songer avec quelque agacement à l'origine première de la Société Monory ou de la Société loudunaise de combustibles dont j'ai été le P.-D.G. jusqu'à nomination de ministre. L'affaire a commencé par un modeste atelier de mécanique acquis par mes parents grâce aux économies d'une brave tante, que celle-ci leur prêta après les avoir réunies sur ses heures de ménage tout au long d'une vie. Mes racines plongent dans l'épargne. Mes parents travaillaient dur, c'étaient des journées de treize à quatorze heures, dimanches compris. Ma mère, malgré son peu d'instruction, s'était mise à la comptabilité.

On m'envoya à deux ans et demi à l'Institut Salmon qui, de

l'autre côté de la rue, faisait office d'école maternelle, non en vertu de quelque option pédagogique — les psychologues n'étaient pas encore à la mode — mais pour que ma mère pût vaquer librement à ses tâches pendant la journée. On ne s'interrogeait pas non plus alors sur l'âge auquel il convient d'apprendre à lire, à écrire, à compter. On m'enseigna donc ces disciplines, si bien qu'en arrivant à la « grande école » je pus sauter les petites classes et qu'à neuf ans je me trouvais dans celle du certificat d'études. Comme cet examen ne pouvait être passé qu'à douze ans et qu'il n'y avait pas de dérogations, je dus faire antichambre pendant trois années.

C'est avec émotion qu'il me souvient de mes chers instituteurs, MM. Hérault, Bourreau, Nebout, un peu sévères mais paternels, y compris le second, en dépit de son nom, et sachant si bien, pendant les heures de classe, remplacer les parents dans leur rôle d'éducateurs. Leur foi laïque constituait alors un brevet d'intégrité. La dernière année que je passai à l'école communale, M. Nebout me donna des cours particuliers pour me permettre, si je devais poursuivre mes études, de le faire dans de bonnes conditions.

Une enfance, en province, dans les années trente, ne ressemblait guère à ce que connaissent aujourd'hui les jeunes garçons. Mes vacances étaient laborieuses, j'enfilais, dès le premier jour, un petit bleu de travail pour participer aux tâches de l'atelier. Je n'étais sans doute pas d'un secours décisif mais je me passionnais pour ce métier de la mécanique qui, petit à petit, dans mon esprit, devenait un but. Pour la famille dans son ensemble, les vacances étaient rares. Deux fois l'an seulement on fermait la porte pour aller, avec quelques amis, pêcher dans la Vienne, les dimanches d'ouverture de la chasse et de la pêche. Une autre escapade, tous les deux ans, pour passer deux jours chez l'ancien camarade du tour de France, établi menuisier dans les environs de Rochefort ;

c'était tout. On choisissait le 15 août ou la Pentecôte, l'année suivante c'était le menuisier qui venait à Loudun.

Il était possible à cette époque d'imaginer l'essor que prendrait l'automobile, mais nous étions encore très loin des flots de véhicules qui s'écoulent aujourd'hui sur les routes et les autoroutes. Dans les premiers temps de son installation, mon père ne possédait qu'une moto avec side-car, il s'en servait même pour remorquer les voitures en panne, les Hurtu, les Cizaire, les Dedion-Bouton dont les noms chantent aux oreilles des vieux automobilistes.

Et moi, je ne rêvais plus que de ces engins étincelants qui semaient encore l'étonnement dans les villages, difficiles à mettre en route, nécessitant du conducteur des soins attentifs. Ma vocation était-elle là ? Mon père inclinait à le penser, il souhaitait me faire poursuivre mes études dans une école qui améliorerait ma culture générale mais aussi me formerait sur le plan professionnel.

Cette perspective inquiétait ma mère. Elle avait trop souffert de l'insécurité ; elle pensait me mettre à l'abri en me dirigeant vers la carrière d'instituteur. Comment se résoudrait ce petit conflit familial ?

Je pense que c'est mon souhait qui en définitive a fait pencher la balance ; j'avais vraiment pris goût à la mécanique. Il fut décidé que je fréquenterais l'école professionnelle de Thouars, dans le département voisin, à vingt-cinq kilomètres seulement de Loudun, mais en réalité un autre monde : j'allais être pensionnaire, sortir des jupes de ma mère, trouver autour de moi des visages inconnus, connaître un nouveau genre de vie. En douze ans, je ne m'étais éloigné seul qu'une fois de la maison familiale, pour vendanger chez des amis qui devaient d'ailleurs influencer plus tard ma vie personnelle.

Et nous voici un dimanche d'automne, au soir, devant la

bâtisse grande et sombre. Je descends de la voiture, valise à la main, mon père m'accompagne, mon cœur se serre.

« Eh bien, mon garçon, il te reste à bien travailler. Au revoir. »

J'entends le moteur répondre au premier coup de manivelle, la portière claquer. Je serre les dents, désemparé devant les visages nouveaux qui ne sont pas tous, il faut le dire, empreints d'une grande amabilité.

Les cours de M. Nebout m'autorisaient à sauter une classe, plus précisément à entrer directement en première année sans passer par ce qu'on appelait le cours supérieur et qui n'était supérieur que par rapport à l'école primaire d'où je venais. J'étais d'autre part assez grand et robuste, ce qui me valut d'être mis, à la cantine et au dortoir, avec des garçons ayant en moyenne deux ans de plus que moi et largement avertis de la vie de pension. C'était une époque où la tradition voulait que les « anciens » en « fassent baver aux bleus ». Sortant de mon cocon, j'eus beaucoup de mal à m'y faire. Cela se révéla finalement formateur mais je n'arrive pas à regretter que de telles mœurs aient disparu ; elles ne me semblent pas nécessaires à l'évolution des hommes.

J'étais entré à l'école de Thouars dans la section professionnelle, je devais y rester deux ans, j'y passai en fin de compte quatre années de mon adolescence, suivant la scolarité jusqu'au bout. Chaque samedi soir, je prenais le petit train Thouars-Loudun pour rejoindre le foyer familial ; je faisais le lendemain le trajet inverse, un peu tristement. Mon père me donnait vingt francs toutes les semaines, dont la moitié ne devait servir qu'en cas de « coup dur ». Il m'en restait donc d'une façon régulière dix : huit francs cinquante pour mon billet de chemin de fer et un franc cinquante à dépenser à ma guise : c'était juste le prix d'une limonade, au stade, le jour où nous allions faire du sport. Mon budget ne varia pas pendant quatre ans mais je n'en souffrais pas. Je me rappelle avec émotion les efforts que faisaient mes parents pour donner quelques connaissances supplémentaires à leur fils. Me mettre en pension leur était plus onéreux que me laisser poursuivre des études au collège de Loudun, noble établissement plusieurs fois centenaire devenu aujourd'hui lycée, un des plus beaux fleurons de notre ville.

Tout comme le temps perdu, il me semblait que le temps gagné ne se rattrape jamais. En effet, arrivé à la fin du cycle, que doit normalement couronner le brevet industriel, j'étais encore trop jeune, il fallait avoir seize ans ! Condamné à piétiner une fois de plus, je pris une résolution : j'en profiterais pour préparer en même temps le brevet élémentaire. Les matières que je n'avais pas étudiées, je m'y consacrerais en mettant les bouchées doubles. Je me levais tous les jours à cinq heures du matin, je potassais la géographie, l'histoire, le français, j'améliorais mon orthographe.

Peu de temps, on s'en doute, pour les loisirs tels qu'on les comprend aujourd'hui, mis à part la détente sur le terrain de sport et la cour de récréation. Un petit intermède, pourtant : un jour je dus assister à un de ces mariages traditionnels à grand cortège où les longues robes à fleurs formaient l'essentiel de la conversation des jeunes filles. Paulette Bonvalet, la mariée à qui incombait la charge délicate de former les couples, n'arrivait pas à trouver pour la jeune Cottet un « cavalier » répondant aux critères souhaités. Le dosage savant de rigueur en ces occasions voulait que ce fût un fils d'agriculteur, car on voyait toujours au-delà de la cérémonie, les choix des familles n'étant pas innocents quant aux mariages futurs. Au surplus, j'étais un peu plus jeune que la demoiselle.

Et puis, il fallut bien faire avec ce qu'on avait. En désespoir de cause, ce fut moi qui donnai le bras à la jeune fille sur le chemin de l'église. Et la tradition se vérifia : six ans plus tard, elle devait devenir ma femme.

Mais il se passerait bien des choses auparavant. Ceux qui, à Loudun, possédaient un poste de T.S.F. écoutaient en frissonnant les rumeurs de Nuremberg et les vociférations d'un individu qui s'appelait Adolf Hitler. Les chansons en vogue en France étaient « Tout va très bien, madame la Marquise » et « Amusez-vous, f...-vous de tout », comme si l'on cherchait à se rassurer à la veille du grand massacre, tandis que l'Europe bouillait « comme une marmite trop pleine ».

Moi, mes deux diplômes en poche, je venais de retrouver l'atelier et mon père, si fier de me voir enfiler la salopette bleue pour travailler à ses côtés. Il y eut un bel été, puis les armées du Reich pénétrèrent en Pologne et ce fut la guerre.

2.

Puis une longue nuit commença

Il n'y avait pas beaucoup d'automobiles à Loudun ; il y en eut encore moins après les réquisitions qui vidaient villes et campagnes de tous les véhicules susceptibles de rouler, ainsi que des chevaux dont l'armée pensait avoir l'utilisation dans un genre de guerre dont elle n'avait pas l'habitude. Les hommes aussi partaient ; ils défilaient sur le chemin de la gare avec musettes et valises de carton, en criant comme en 14 : « On les aura ! » Je revois ma mère préparer tristement le bagage du père, soumis comme les autres à la mobilisation générale.

J'avais seize ans, seul à l'atelier avec deux apprentis, étonné de ce vide soudain qui se creusait autour de nous. Décidé cependant à accomplir la tâche qui me revenait dans le nouvel ordre des choses. Qu'avions-nous à faire ? Nous devions entretenir le « courant », nous démener pour que continuent à rouler les voitures des laitiers ou celles des autres professions nécessaires à la survie.

Tâche difficile quand nous nous rendîmes compte que l'essence aussi manquait. Avec deux jeunes camarades, je sortis de la casse une vieille fourgonnette Rosengard et me mis en tête de la transformer en voiture électrique. Nous y installâmes un moteur, des accumulateurs et, après quelques jours de mise au point, notre merveille effectuait par ses propres moyens quelques dizaines de mètres. Notre initiative n'eut pas de lendemain, elle rappelait les premiers vols d'aéronefs, avant que l'industrie eût pris le relais. L'industrie ne vint pas à notre secours, ne laissant dans la petite histoire que le souvenir de trois gamins qui avaient démontré la puissance de l'imagination.

Nous ne nous doutions pas encore qu'une longue nuit commençait ; il fallait pour l'éclairer toute la vitalité de notre jeunesse. La pénurie d'essence remit en honneur l'énergie musculaire, l'atelier se reconvertit dans la réparation des bicyclettes, le pays s'organisait pour tenir le temps qu'il faudrait ; on pensait encore que le conflit ne s'éterniserait pas. Pourtant il s'enlisait ; mon père, gravement malade pendant l'hiver 1939-1940, reprenait progressivement des forces.

La drôle de guerre prit subitement fin avec la débâcle et l'invasion de notre pays par les Allemands. Les perspectives étaient bien sombres pour la France. Nous n'étions plus dans la situation d'attente qui avait précédé, la victoire allemande paraissait avoir créé une situation durable au milieu de laquelle il ne restait que l'espoir de la voir finir un jour. Mais quand ?

La « petite reine » ne pouvant résoudre tous les problèmes, notre atelier se tourna vers le montage des gazogènes sur les voitures. Je participais à ces transformations qui nous conduisaient à couper, à charcuter les automobiles. Les pannes étaient fréquentes, nous nous rendions sur place à bicyclette. Je me souviens du terrible hiver 1940-1941 où nous travaillions dehors par des températures de — 15°C à — 18°C. La vue, dans nos rues, des soldats allemands, n'était pas faite pour nous réchauffer le cœur.

Cet hiver-là, mes parents vendirent tout leur stock, ce qui les mit à la tête d'une somme de cinquante à soixante mille francs. Ils l'utilisèrent à l'achat d'une fermette de sept hectares, près de Loudun, aux bâtiments délabrés mais à la terre fertile. Je la connaissais bien car j'y allais travailler tous les matins avec un ouvrier. Mon apprentissage de mécanicien se complétait ainsi d'un apprentissage de menuisier, de maçon, de cultivateur, ce qui me servit par la suite en plusieurs occasions.

Les événements eurent des effets sur la population de notre petite ville. Au moment de la débâcle, Loudun avait accueilli une ville sœur de Lorraine — préfiguration de nos jumelages futurs —, Audun-le-Tiche, commune mosellane à peu près de la même importance au point de vue du nombre d'habitants. Nos concitoyens firent preuve à cette occasion d'une réelle fraternité à l'égard de ces gens qui avaient tout perdu dans la tourmente. Quelques-uns de ces réfugiés se sont d'ailleurs installés d'une façon définitive dans la ville d'accueil et se sont parfaitement assimilés. Je suis convaincu que ce brassage a influencé notre caractère particulier.

Je m'étais lié d'amitié avec un jeune réfugié d'Audun-le-Tiche ; ensemble nous allions aux apéritifs dansants du dimanche, comme il convenait à notre âge. Et, parce que la vie continuait, coûte que coûte, il était naturel que nous fissions des rencontres. Un de ces dimanches donc, je revis la jeune fille que j'avais accompagnée, comme garçon d'honneur, trois ans plus tôt. Il est toujours difficile, sauf dans les films, de se souvenir des chocs de rencontre ; entre jeunes gens de même ville, ce sont, au départ, des rencontres fortuites qui deviennent de plus en plus fréquentes et créent des désirs de se revoir. Nous nous rencontrâmes ainsi de plus en plus souvent avec ma future épouse.

Nos dimanches s'éclairaient aussi des parties de football sur le stade. Ce fut une grande époque, dans le domaine sportif, pour notre ville ; grâce à l'apport des habitants d'Audun-le-Tiche, nous avions une des meilleures équipes de France. Je jouais dans l'équipe de réserve ; nous prenions nos vélos pour aller disputer des matches à quinze ou trente kilomètres, avec la charge totale de notre équipement : chaussures, maillot, short. C'est dans cette équipe que je connus Nello Puccetti, qui deviendra plus tard mon meilleur ami.

Cependant une menace planait sur tous les garçons de mon âge ; elle se précisa un jour sous la forme d'un pli officiel déposé par le facteur dans notre boîte aux lettres : j'étais convoqué pour aller travailler en Allemagne dans le cadre du S.T.O. (Service du travail obligatoire). C'était la résurgence de l'antique corvée mais cette fois au bénéfice de l'ennemi. Consternation dans le petit cercle familial.

« Réponds que tu es malade ! »

Je fis aussitôt une lettre dans ce sens. Une deuxième convocation arriva, puis une troisième, plus comminatoire. Je n'y répondis pas. A défaut d'être malade, je fis le mort, je me terrai à la maison pendant un an et la méthode réussit car je ne fus plus inquiété.

Nous assistions à la résistance héroïque des Anglais. Ce peuple, par le courage et la détermination qu'il a montrés au cours de ces quatre années, s'est classé parmi les plus grands du monde. Vers la fin de 1943 et le début de l'année suivante, nombre de mes amis plus âgés rejoignirent le maquis. Quelques-uns laissèrent leur vie dans les opérations montées contre l'envahisseur ; une rue de la ville porte le nom de l'un d'entre eux.

Le 6 juin 1944 est pour moi une date inoubliable. C'était le jour de mes vingt et un ans, il se produisit un événement qui fut le plus beau cadeau d'anniversaire auquel on puisse rêver : au cours du repas de famille nous parvint la nouvelle du débarquement en Normandie, répandant la joie dans tous les foyers.

Tout n'était pas fini pourtant. Un matin, quelques maquisards avec des tractions avant, entrés en ville pour se ravitailler, se trouvaient nez à nez avec des Allemands. Une courte bataille s'engagea et, juste devant nos portes, un camion militaire fut gravement endommagé.

Grand branle-bas l'après-midi du même jour ; des soldats vont et viennent dans les rues, il nous en arrive une escouade qui veut visiter le garage de fond en comble, je dois les conduire, sous la menace des armes, dans les moindres recoins. Ils m'interrogent longuement, convaincus que j'ai participé à l'action, puisqu'elle s'est produite devant chez moi.

L'ennemi, inquiet et nerveux à ce moment où le sort des armes se tournait contre lui, était prêt à tout ; c'est par une chance inouïe que nos visiteurs ne vengèrent pas sur-le-champ leur déconvenue du matin. Ne trouvant pas de preuves, ils finirent par faire entrer le camion endommagé dans le garage, nous donnant quarante-huit heures pour le remettre en état.

Les semaines qui suivirent confirmèrent la débâcle, jusqu'au jour tant désiré, qu'il me semblait avoir attendu un siècle, où des maquisards pénétrèrent dans l'hôtel de ville pour hisser le drapeau tricolore. Pour Loudun, le cauchemar était terminé.

Mais la guerre continuait ailleurs. Ma toute fraîche majorité me donnait une envie folle de participer aux combats décisifs. Fin 1944, je m'engageai pour trois ans dans l'aviation.

Las ! L'épopée ne fut pas à la mesure de mon attente. Nous partîmes, mes camarades et moi, avec nos vêtements civils, que nous allions garder de nombreuses semaines. Au camp de Fay près d'Issoudun, où on nous dirigea d'abord, je reçus en guise de paquetage une paire de sabots de bois. La France n'avait plus de véritable armée ; engagé dans l'aviation, je ne vis ni la queue ni l'aile d'un appareil jusqu'à notre transfert à la base aérienne de Tours. Mais à peine cantonnés, nous étions consignés pour cause de rougeole. Ma fiancée, qui vint me voir avec mon père, trouva, à la place du fringant militaire auquel elle s'attendait, un pauvre diable maigre, amaigri, chaussé de sabots.

A Fougerans, dans le Jura, où je fus affecté ensuite, toujours pas d'avions. J'estimai pouvoir prendre le temps de me marier, ce que je fis le 9 juin 1945, interrompant un bref passage au peloton de sous-officiers. L'oisiveté, que je n'avais jamais connue, devenait ma compagne quotidienne. Encore plus de deux ans à « tirer » ! Pour la guerre, j'étais né trop tard.

J'appris un jour que l'on demandait des chauffeurs pour convoyer des véhicules vers l'Allemagne. Inutile de dire que je me précipitai ; je réussis à me faire affecter comme mécanicien du convoi. L'Allemagne, premier grand voyage ! A Rothweil, notre point de chute, il ne se trouvait personne pour commander la petite unité, ni comme sous-officier, ni comme caporal. J'accédai de cette façon aux responsabilités du garage. J'appris rapidement quelque deux cents mots d'allemand, ce qui me permit d'assurer la liaison avec le secteur civil et me rendit, au fil des jours, irremplaçable. La considération acquise auprès des officiers me valut d'être envoyé à Paris pour y chercher du matériel.

Toute cette histoire ne rimait pas à grand-chose. Je menais outre-Rhin une vie qui n'apportait pas beaucoup à mon pays, pendant que mon père se trouvait privé de mon concours et s'épuisait à la tâche. M'attendait aussi là-bas ma jeune femme, épousée à la faveur d'une permission. Je pris une initiative hardie : je la ramenai en Allemagne dans le convoi de retour, cachée dans des piles de pneus à chaque contrôle et aux postes-frontière. Cette équipée, à propos de laquelle nos parents avaient manifesté de sérieuses réserves, fut heureusement bien acceptée par mes supérieurs bon enfant.

La situation se dénoua à la fin de mars 1946 à la faveur d'une circulaire selon laquelle tous ceux qui avaient contracté un engagement de trois ans résiliables et avaient déjà fait quinze mois pouvaient rentrer dans leurs foyers. Bénéficiant d'une prime de trois mois comme réfractaire au S.T.O., je regagnai, avec un plaisir sans mélange, l'entreprise familiale.

3.

Un petit crime de lèse-bourgeoisie

Napoléon s'est écrié un jour : « Quel roman, ma vie ! » On a vu par ce qui précède que la mienne ne se prête pas à d'amples fresques et fournirait une mince matière à un Vernet ou un Gérard. Mais je pense et j'espère que les Français se retrouveront davantage dans ce miroir qui leur montre l'un parmi des milliers de ceux qui forment le tissu de la nation. C'est de ces milliers d'initiatives et de volontés que la France a pu renaître après la tourmente.

La paix revenue, l'industrie automobile connut encore plusieurs années de pénurie. Il était difficile d'obtenir des voitures neuves, les camions et les camionnettes restaient pratiquement introuvables ; l'idée nous vint de transformer des voitures de tourisme, Citroën C 4 et C 6, en camionnettes Duriez. Les clients ne manquaient pas, nous avions du pain sur la planche. Mais je me rendais compte de la difficulté de faire évoluer notre entreprise artisanale sans y adopter des méthodes nouvelles. Mon père, épris de liberté, n'avait jamais voulu signer un contrat de concessionnaire. Il préférait vivre petit mais indépendant et se refusait à subir les conditions imposées par les constructeurs. Il avait bien du mal à s'entendre avec ses confrères lorsqu'il s'agissait d'ouvrir ou de fermer le dimanche. Ces contraintes le froissaient comme une atteinte à son autonomie. Je crois avoir hérité de lui la passion de vivre libre.

Et moi aussi je ressentais le besoin de m'affranchir ; j'avais vingt-six ans, nous étions en 1949. Je me rendais compte, sans pouvoir me l'expliquer aussi clairement que je le fais aujourd'hui, qu'il me fallait partir tôt dans la vie pour avoir une chance de la mener à bien. Première manifestation sans doute d'une certaine forme d'ambition, je déclarai à mon père que je souhaitais prendre la direction de l'affaire pour la développer. Ce jour-là, j'ai dû le peiner. Pourtant, moins d'une semaine plus tard, il donna une réponse positive :

« Puisque tu le désires, nous allons essayer. »

J'avais accumulé de petites économies, environ cent cinquante mille francs, que je retirai de la Caisse d'Épargne. Ensuite je me lançai dans l'aventure. Je pris le train pour Paris, fis le tour des garages et achetai une Rosalie d'occasion. Le soir j'étais de retour à Loudun, je travaillai toute la nuit à la remettre en état, à changer les pneus, à refaire l'intérieur avec l'aide de ma femme.

Je me souviens encore de mon premier acheteur. Il avait à peine emporté la Rosalie que, l'argent en poche, je repartais pour Paris en acheter une nouvelle. Le mouvement était amorcé. Au cours de cette année, j'ai dû convoyer une centaine de voitures, avec l'aide précieuse d'un ami, Alex de Montès. Le voyage était difficile, l'autoroute bien sûr n'existait pas, nous devions compter six heures de trajet. De 1949 à 1951, je n'ai certainement pas dormi plus de quatre à cinq heures par nuit, car il fallait effectuer les réparations pendant la journée. Mais nous étions jeunes et la fatigue mordait peu sur nous. Au cours de ces interminables allées et venues, seul au volant, j'échafaudais des plans d'avenir.

C'est en 1949 que j'eus ma première automobile personnelle. Un événement pour moi. C'était une Renault KZ 23 qui avait brûlé et que j'avais pu acquérir pour cinquante-cinq mille francs. Je passai de nombreuses nuits à lui donner une nouvelle jeunesse, elle était incontestablement pour moi un objet d'amour.

Tout naturellement, j'eus envie de partir en vacances avec ma nouvelle acquisition. C'était la première fois que je prenais cette liberté. J'allai avec un couple d'amis camper dans le Massif central. Les conditions n'étaient pas particulièrement confortables, puis le voyage dut être écourté, ma mère tombée malade devait être opérée d'une tumeur au cerveau. Ce fut pour la famille un événement douloureux car elle resta très diminuée plus d'un an et ne redevint jamais tout à fait comme avant.

Autre épreuve, l'année suivante : la mort, quelques jours après sa naissance, de ma première fille. Le travail intense auquel je me consacrais m'aida à surmonter ces moments pénibles. Heureusement, un an après, naissait ma deuxième fille, Michèle.

Un accident sur le terrain de football me détermina à cette époque à revenir au tennis de table, que j'avais pratiqué plus jeune. Je créai dans la ville une société qui gagna rapidement une réputation régionale. Je tirai beaucoup de satisfaction des tournois gagnés et participai, avec un excellent ami, aux seizièmes de finale de la Coupe de France. Ce furent mes meilleures performances sportives, avec celles que je réaliserai plus tard en sport automobile.

Un souvenir amusant prend place dans cette période. Le siège social de notre société se trouvait à l'Hôtel de France appartenant à M. et Mme Magnani. Deux filles dans la maison : Georgette et Christiane. Tous les soirs, mes camarades et moi les rencontrions dans les salons de l'hôtel, nous leur donnions des leçons de tennis de table. Georgette devait d'ailleurs se marier avec un de mes amis et, plus tard, avec Vincente Minelli. Quant à la plus jeune, Christiane, elle fut élue, deux ans après nos parties de ping-pong, Miss Univers. Elle reste la seule Française qui ait décroché ce titre, pour la plus grande gloire de ma ville natale.

J'ignorais ce que notre Miss Univers était devenue quand, longtemps après cette période, j'accompagnai en 1980 le président de la République lors d'un voyage officiel au Mexique. Selon l'usage, il y eut un déjeuner à l'ambassade, je fus amené à présider une table. Mon attention fut retenue par une charmante femme, placée près de moi, qui parlait admirablement le français. Après les banalités d'usage, j'en vins, comme cela doit arriver souvent aux personnalités en voyage, à expliquer comment j'étais devenu ministre et à parler de mon passé.

« Mais moi aussi je suis de Loudun ! » s'exclama ma voisine, ravie.

Et j'appris qu'elle n'était autre que la petite Christiane à laquelle nous apprenions à manier la raquette, à l'Hôtel de France, trente années plus tôt.

Elle avait parcouru un singulier chemin puisqu'elle avait épousé, après son élection de Miss Univers, le fils du président du Mexique, Alleman, ce qui expliquait sa présence, ce jour-là, à l'ambassade.

En 1953, la petite entreprise familiale prit un tournant nouveau, puisqu'elle devint concessionnaire de Peugeot, ce qui renforça sa réputation. Une évolution s'était également dessinée au fil des années : en dehors des voitures, nous vendions des tracteurs et des machines agricoles. En 1955 nous devenions concessionnaire Massey-Ferguson, puis nous vendîmes du fuel vers 1965. Toutes choses, on s'en doute, qui ne se sont pas faites toutes seules et qui nous ont valu les difficultés inhérentes aux entreprises en expansion, avec les fins de mois serrées qui donnent des inquiétudes jusqu'au dernier moment.

Pour moi, je devais aussi opérer une sorte de mue pour laquelle des années seraient nécessaires. Je n'étais encore que l'ancien apprenti devenu patron et gardant les réflexes de l'artisan dont la préoccupation principale est de faire face à ses échéances, de développer son affaire et de veiller au bon équilibre du personnel. Je n'avais pas encore franchi la barrière psychologique qui sépare « l'ouvrier patron» du « patron qui a des ouvriers ».

Je devais en quelque manière secouer la chrysalide de l'atelier. Nous fîmes sur ces entrefaites la connaissance d'un couple de profession libérale. Nos rencontres se multiplièrent et je découvris, à écouter nos nouveaux amis, un autre monde dont je n'avais pas la moindre idée. Leurs moyens étaient bien supérieurs aux nôtres, ils allaient en vacances assez régulièrement, en particulier aux sports d'hiver où, petit à petit, ils nous entraînèrent. Cela ne me facilitait pas l'existence mais c'était une occasion excellente de connaître une autre approche de la vie et je leur en fus très reconnaissant.

De quoi parlions-nous au cours des longues veillées ? Surtout de ce qui nous entourait, de la vie locale, du développement de notre petite ville, de sa gestion. Parler de ces choses, c'était aussi avoir envie d'agir sur elles. L'idée fit son chemin peu à peu, jusqu'à ce que nous envisagions de faire, pour les élections de 1953, une liste municipale s'opposant au maire et au conseil sortants.

A Loudun, dans les années d'après-guerre, une telle idée relevait d'une certaine hardiesse. Pour dire la vérité, un petit crime de lèse-bourgeoisie, dans une cité gérée traditionnellement par des notables. Et puis il fallait trouver vingt-trois noms, condition d'autant plus difficile à réaliser que la population ne comptait alors que cinq mille habitants. Autre obstacle : nos noms et nos réputations étaient insuffisants pour déclencher l'adhésion et aucun d'entre nous n'avait le relief nécessaire pour figurer en tête de liste.

Je travaillai beaucoup à réunir nos vingt-trois candidats, l'oiseau rare fut trouvé en la personne d'un ami, qui accepta d'être notre porte-drapeau. En ce qui me concerne, je restai relativement dans l'ombre au moment des élections, menant cependant un combat loyal et pugnace pour notre liste.

Cela pouvait ne rien donner, sauf à nous faire connaître pour les prochaines, six ans plus tard. Le soir du scrutin, nous affections des airs indifférents en surveillant le dépouillement, comme des gens qui se sont risqués pour le principe.

Mais tandis que les bulletins ouverts et triés s'amoncelaient sur les tables, l'affaire prenait un tour plus sérieux. Les comptes vérifiés, dix conseillers sortants étaient en ballottage !

Il restait à fournir un dernier effort. Nous le fîmes et, le dimanche suivant, nous avions dix élus. La montagne contre laquelle nous devions nous casser la tête avait bougé.

Mon nom était le dernier, mais enfin, j'étais à la mairie. Ce fut mon premier pas dans la vie politique. Il allait me porter chance : depuis, j'ai en effet été élu chaque fois que je me suis présenté aux suffrages, parfois avec quelque difficulté mais sans exception.

4.

Le passé aussi nous défie

« J'aimerais mieux être le premier dans mon village que le deuxième à Rome », disait César. C'est le propos d'un ambitieux. Je pense qu'il faut travailler avec le même sérieux à quelque poste que l'on soit placé et que l'administration d'un village touche aussi bien à la vie des gens que celle de l'État. A ce moment de mon récit, je ne suis ni le premier ni le second dans ma ville natale, mais il me semble utile de la présenter brièvement au lecteur, tant il est vrai qu'il est difficile de connaître un homme en le séparant de ses racines et une ville, de son passé.

Le mot Loudun vient de Lugdunum, comme Lyon. Le destin des deux cités est sans commune mesure quant à l'importance prise dans la nation. Pourtant le chef-lieu de canton dont je parle n'a pas à rougir de son histoire. Situé sur une colline qui domine le plat pays, il fut un bastion de défense à l'époque gallo-romaine avant d'être couronné par Philippe Auguste d'une forteresse considérable : murs d'enceinte défendus par vingt tours encerclant une surface de quelque quatre hectares où s'élevaient des maisons, des prieurés, une église ; cinq ponts-levis à franchir pour atteindre la tour maîtresse et des souterrains permettant de gagner la campagne. Quant au reste de la ville, il était protégé par une haute muraille sur trois mille cinq cents mètres de développement. J'ai joué, étant enfant, dans ses fossés.

Ces données historiques ne sont pas inutiles pour comprendre le présent. Ainsi, si Loudun n'avait plus que cinq mille habitants en 1953, elle en avait vingt mille au début du XVIIe siècle, où l'on y dénombrait quatre mille neuf cents feux. Elle comptait alors une centaine de conseillers, avocats, assesseurs, procureurs, greffiers, huissiers, notaires. On peut imaginer le commerce correspondant et la composition de la société qui vivait dans nos murs.

L'histoire explique aussi la baisse démographique. La peste fit des ravages vers 1630, mais c'était fléau courant. Les conséquences des guerres de religion eurent un effet plus sensible.

La Vienne est le berceau du calvinisme. Calvin résida à Poitiers avant d'aller instituer à Genève sa République théocratique. Or, en 1534, un religieux des Trois-Moutiers, François Fouquet, s'en fut à Poitiers voir le réformateur. Il en rapporta les éléments de la nouvelle doctrine, qui séduisit les Loudunais. L'implantation fut profonde, puisque, en 1619, l'Assemblée nationale des protestants se tiendra à Loudun. L'édit de Nantes avait mis fin à la guerre religieuse. Sa révocation par Louis XIV en 1685 eut d'énormes répercussions dans notre ville. Le temple fut démoli, mille cinq cents huguenots abjurèrent, de nombreux autres préférèrent s'expatrier. Au total, Loudun perdit la moitié de sa population. Le conseil de la ville connut alors de grosses difficultés de trésorerie ; même le clocher de Saint-Pierre devra attendre, pour être réparé, deux cents ans. Le développement fut considérablement freiné.

Il ne reprit vraiment qu'au cours du XIXe siècle, avec l'apport des cultures de la région qui permirent d'organiser chaque semaine des marchés de volailles où dominaient les oies, et chaque année des comices agricoles. Les structures de la ville, qui avaient peu changé au cours des deux siècles précédents, commençaient à se transformer : Loudun devint un nœud ferroviaire. Bientôt, l'installation d'un important dépôt de chemin de fer pour la réparation des locomotives apportait un regain d'activité. Dans la seconde partie du siècle fut construit un vaste édifice de style classique flanqué de deux ailes en avancée sur jardin, qui abrite aujourd'hui la mairie.

Cette mairie où nous venions d'entrer. Je me souviens des premières réunions du conseil municipal, auxquelles je me rendais un peu fébrile, ayant enfilé avant de partir des bleus propres pour remplacer ceux de la journée de travail. Petit à petit, une transformation s'opéra ; dix-huit mois plus tard, les bleus faisaient place à un costume de confection. J'étais devenu membre de l'Union commerciale dont le président fondait, semble-t-il, quelque espoir sur moi pour prendre un jour sa succession. J'étais chargé d'organiser les fêtes et la foire-exposition ; mes responsabilités m'obligeaient de temps à autre à prendre la parole, à me frotter en quelque sorte à l'opinion. C'était un effort mais aussi un enrichissement ; le jeune prétentieux qui avait voulu, en 1953, renverser la hiérarchie solidement établie dans cette ville conservatrice, pouvait estimer qu'il commençait à trouver grâce auprès d'une partie de ses concitoyens. Mais l'apprentissage et l'adoption par l'opinion allaient prendre plus de temps qu'il ne l'imaginait.

Notre premier mandat ne fut pas marqué par des réalisations retentissantes. Tout au plus réussîmes-nous à faire un lotissement de dix maisons. C'était le premier depuis vingt ans (la loi Loucheur). Nous tentions bien de provoquer une dynamique plus grande, mais c'était peine perdue. Je pense que notre municipalité n'était pas plus mauvaise qu'une autre : c'était alors la façon de gérer. Ma première constatation — je dirais même ma première désillusion — c'est qu'il n'y avait pas pour la ville de programme de développement. On administrait au jour le jour. Peu d'emprunts. Le maire, Marc Godrie, était un homme franc, dévoué, consacrant pratiquement tout son temps à l'hôtel de ville, à recevoir les habitants et à signer le courrier. Même nos relations avec le chef-lieu du département, Poitiers, étaient rares ; une fois par an tout au plus. Les forces vives, les cerveaux les mieux formés, quittaient régulièrement notre région pour chercher fortune ailleurs.

Notre élection était le fruit de l'amitié et du travail en équipe mais ne correspondait pas encore à une philosophie bien arrêtée pour la gestion de notre commune. Nous pensions les uns et les autres qu'il était possible de donner plus d'ambition à celle-ci, mais aucun de nous, je crois, ne savait clairement comment s'y prendre.

Comme conseiller municipal, je me familiarisais avec la sensibilité des autres et avec des problèmes qui pour moi étaient nouveaux. Au bout d'un certain temps, je fis part à mes collègues de mes conceptions de développement. Il me paraissait nécessaire que nous nous fixions des objectifs ambitieux dans le domaine de l'emploi, du logement, et naturellement dant tout ce qui assure la formation des hommes, leurs distractions et leur santé.

Je dois dire que ces vues faisaient un peu peur à mon entourage et probablement même à la population. Pourtant, je n'imaginais ce développement qu'accompagné d'une progression très raisonnable des charges des habitants. Et pourquoi avions-nous été élus, à la surprise générale, si les Loudunais ne souhaitaient pas « autre chose » ?

Pendant la guerre, les Allemands avaient emporté la statue du plus illustre de nos concitoyens, Théophraste Renaudot.

Un jour, un ministre vint en grande pompe inaugurer le buste que notre municipalité avait fait exécuter pour la remplacer. Tandis que se succédaient les discours, retraçant la vie étonnante de ce médecin du roi qui créa le mont-de-piété, les consultations charitables et *La Gazette*, ancêtre de tous nos journaux, je me prenais à penser que Loudun, par ses grands hommes et par ses enfants plus obscurs mais appliqués à leur tâche dans la suite des siècles, avait eu un rayonnement assez exceptionnel. Les descendants de ce passé ne pouvaient qu'avoir de l'ambition à revendre pour redonner à leur ville sa place d'antan.

Une ambition qu'il s'agissait de cristalliser, pour la faire ensuite entrer dans les faits. Je pensais encore que, pour faire évoluer les mentalités, une ouverture sur l'extérieur était indispensable. Nous l'avions eue autrefois : en 1627, le cardinal de Richelieu voulut peupler et protéger les terres lointaines découvertes par nos navigateurs. Il créa la Compagnie de la Nouvelle-France et, par le traité de Saint-Germain, nous assura la possession de ces colonies.

Il est intéressant de savoir que, pour gouverner l'Acadie, le cardinal-ministre fit appel aux Poitevins. Il nomma gouverneur Isaac de Razilly, un de ses parents né à quelques kilomètres de Loudun. Lequel emmena comme lieutenant Charles Menou d'Aulnay (la petite commune d'Aulnay existe toujours, à quelques lieues de notre ville) avec trois cents hommes d'élite. Théophraste Renaudot note dans sa *Gazette* qu'ils prirent la mer à La Rochelle en juillet 1632.

L'Acadie vécut une période d'intense activité. Aulnay prit la succession de Razilly, après la mort de celui-ci, et réussit à faire prospérer la colonie en la peuplant de familles loudunaises, construisant écoles, moulins, salines.

Cette échappée sur le monde prit fin à l'époque du « Grand Dérangement », lorsque les Anglais chassèrent nos compatriotes. Les livres d'Antonine Maillet, qui retracent cette période, sont écrits dans un langage qui rappelle celui de notre terroir. Certains de nos lointains cousins revinrent s'installer dans la région châtelleraudaise, d'autres partirent pour la Louisiane, mais quelques années plus tard, beaucoup retournèrent en Acadie.

L'ouverture sur l'extérieur était toute trouvée. Il suffisait de resserrer le lien distendu, de renouer avec nos Loudunais du Nouveau Monde. Déjà s'ébauchait dans mon esprit la perspective des jumelages futurs.

L'histoire me suggérait une autre idée : la force de notre ville dans le passé résidait en grande partie dans son environnement. Il n'était donc pas possible d'imaginer notre propre développement sans y intégrer à terme tout ce monde rural, base de la richesse de la ville. Que de perspectives enthousiasmantes pour la population et pour les élus ! Que de difficultés aussi, sans doute ! Mais j'étais persuadé — et je le suis toujours — que l'information, la transparence et la décentralisation des décisions, le développement de la vie associative, feraient naître la confiance et viendraient à bout des pesanteurs.

Il restait encore beaucoup à parcourir avant d'atteindre ces objectifs et le pot au lait de Perrette risquait d'avoir cent fois l'occasion de se renverser.

5.

Un programme qui faisait peur

Je faisais peur. Mes projets ne s'inscrivaient pas dans le ronron journalier. J'avais commis l'erreur de les annoncer alors que le renouvellement de notre mandat approchait. Or quelques colistiers partageant mes opinions commençaient à penser que je pourrais être tête de liste aux prochaines élections.

Le premier adjoint, dauphin du maire, ayant abandonné quelques mois avant l'échéance, laissait la place libre. Dès que j'eus déposé ma candidature, d'autres listes se formèrent avec l'espoir de me barrer la route.

Tout fut bon pour me détruire. On chercha à s'en prendre à ma respectabilité, à ma vie privée. Ce fut un moment pénible dans mon existence et pourtant il eut pour effet de me durcir à la calomnie. Plus tard, lorsque je serai ministre, les accusations portées par *Le Canard enchaîné* et *Minute* de profiter de mes fonctions pour faire livrer de grandes quantités de fuel à ma société juste avant les hausses de prix, me trouveront calme et détendu. Il serait facile de vérifier sur place, non seulement qu'il n'en était rien, mais que c'était, de plus, matériellement impossible, compte tenu des dates auxquelles doivent être décidés et organisés l'enlèvement de la raffinerie et la circulation sur le réseau ferré. En outre, l'origine même de cette rumeur — un concurrent alors en difficulté — aurait dû inciter à la prudence. Il n'en fut rien. Une éminente personnalité du Parti socialiste, fougueux avocat d'une politique pure et dure, n'hésita pas à me poser une question écrite sur ce sujet ; son expérience de responsable d'une multinationale pétrolière américaine aurait pourtant pu lui permettre de s'informer aisément. Je m'efforçai de prendre exemple sur Georges Pompidou et d'entretenir, à l'égard de telles rumeurs, une réserve inépuisable de mépris, quel qu'en soit l'auteur et quelle qu'en soit la victime.

Déjà en 1959, donc, j'étais la cible de ces coups déloyaux. Il circula dans notre petite société locale les histoires les plus extravagantes. L'une d'elles fut même reprise, plus de vingt ans après, par un hebdomadaire spécialisé dans ce genre d'informations.

Les coups portèrent : le soir de l'élection, je n'étais pas élu, j'arrivais même dernier de ma liste pour affronter le deuxième tour. Sans la gentillesse de mon ami d'enfance J.-J. Fouqueteau, qui me céda sa place, je n'aurais même pas pu me représenter. Mes amis (en particulier Louis Fredaigue, Mme Chevalier et tous les autres, qu'ils me pardonnent de ne pas tous les citer) firent un travail considérable pour rétablir la vérité et, à l'étonnement général, j'étais élu le dernier, mais élu. Trois jours plus tard, la majorité de mes collègues me gardait sa confiance et me choisissait pour maire.

Les félicitations d'usage ne me font pas oublier la lourde tâche qui m'attend. Je serre des mains, des ennemis de la veille me gratifient d'un sourire. Puis je sors de la mairie. Au bas des marches, ce ne sont pas des visages bienveillants qui m'attendent. Deux cents personnes au regard haineux. Elles crient : « Démission... immédiate ! Démission... immédiate ! »

Je m'arrête un instant. Parmi ces gens, se trouvent probablement quelques-uns de ceux qui ont fait circuler dans les salons de la bourgeoisie les bruits les plus divers. J'allais détruire le « jardin de la Sainte Vierge » ; président de l'association des parents des écoles laïques, j'allais faire la guerre à l'enseignement privé ; j'avais caché dans le coffre de ma voiture une jeune femme, laquelle avait manqué de périr asphyxiée parce que mon épouse, ignorant naturellement ce détail, avait pris mon véhicule pour aller faire des courses. Il y avait aussi dans ce petit rassemblement hostile, des gens qui n'avaient pas inventé ces sottises, mais y avaient cru sans faire beaucoup d'efforts pour en vérifier la fausseté. Il y avait enfin ceux qui étaient venus m'apostropher pour une autre raison : pour eux comme pour beaucoup, je n'étais plus l'ouvrier patron mais seulement le patron. Ils avaient l'impression qu'en faisant ce parcours je les avais reniés et ils avaient reporté leur soutien et peut-être leur affection sur d'autres qui étaient patrons depuis longtemps et qui, pour cette raison, avaient à leurs yeux le droit de l'être. Je sentis aussi qu'à l'inverse, pour une forte partie de la bourgeoisie locale, j'étais l'ouvrier ambitieux venu mettre dans le bon ordonnancement des choses le grain de sable du peuple qu'il croyait encore représenter.

Pourtant, dix-huit mois plus tard, j'étais élu au premier tour conseiller général, par les mêmes, contre cinq concurrents dont faisait partie le conseiller sortant. Ce qui démontre qu'il arrive à la vérité de l'emporter sur la calomnie. Et puis, vingt-trois années ont passé : je suis toujours maire de Loudun.

Oubliant les querelles électorales, les vingt-trois élus se mirent au travail pour élaborer le plan auquel j'étais attaché.

Un beau tableau de Marcel Durans, peintre loudunais, représente Loudun dans un paysage d'hiver. Au premier plan un arbre mort et une haie privée de son feuillage ; puis une vaste prairie desséchée par le gel avec un chemin blanc conduisant au bourg, qu'un soleil de saison frappe de ses rayons horizontaux. Cette vision d'artiste pourrait illustrer l'étude de la S.E.M.A. (société spécialisée dans les études démographiques) qui, lors de ma prise de fonctions, prévoyait que la ville n'aurait plus, à l'horizon 1984, que quatre mille cinq cents âmes.

S'il y a aujourd'hui huit mille cinq cents Loudunais bien vivants pour faire mentir le calcul des experts, le mérite en revient aux Loudunais eux-mêmes et aux équipes mises en place autour de moi. Elles ont su arrêter le déclin et insuffler une vie nouvelle.

L'après-guerre connaissait un phénomène de désertification des campagnes mais aussi des petites villes, qui se dépeuplaient à une vitesse incroyable. La mécanisation, l'automobile, le développement des moyens d'information et de communication faisaient disparaître la France paysanne de nos pères et naître une société industrielle moderne. La décolonisation et ses heurts nous montraient aussi que l'hexagone serait bientôt livré à lui-même et que nous ne trouverions plus dans un vaste empire les moyens d'asseoir un développement facile ou la crédibilité d'une puissance internationale.

Les Français luttaient pour leur survie, qui ne dépendait plus du sort des armes mais du dynamisme de leur économie.

Maire d'une petite ville mais aussi chef d'entreprise, deux nécessités me frappèrent alors : il fallait organiser le développement de Loudun en le faisant reposer sur la croissance industrielle ; mais, pour être profitable et durable, ce développement devait se faire avec et non contre celui des communes ou cantons avoisinants.

Mais où en étaient les finances de la ville ? Le bilan était simple à faire : elle n'avait réalisé aucun investissement important depuis la fin de la guerre, son endettement était quasi nul et son budget modeste : sept cent mille francs actuels, soit cent quarante francs par habitant.

J'empruntai deux millions de francs dans les deux premières années. Le préfet fronça les sourcils mais il allait avoir d'autres occasions de rechigner, car, cet argent, j'avais une manière de l'utiliser peu conformiste qui donna quelque inquiétude au ministère des Finances comme à celui de l'Intérieur : la municipalité construisait des usines et les revendait sur douze ans aux industriels désireux de s'installer chez nous. Pour dire vrai, cette formule me servit d'appât pour les convaincre. Pendant ces deux années j'ai dû parcourir près de trente mille kilomètres à leur recherche ; mais je réussis : en un peu plus de cinq ans, cinq cents emplois étaient créés, entraînant le développement d'activités annexes (commerces, services) et le remboursement de la dette ne posa pas de difficultés. Aujourd'hui, si c'est une pratique courante, ce n'était pas le cas en 1960.

Créer des emplois, c'est aussi loger les gens. Depuis les années vingt, le patrimoine immobilier s'était dégradé, accentué encore du fait de la loi de 1948, dont les dispositions étaient sur bien des points comparables à celles de la loi Quilliot. En cinquante ans, cinquante permis de construire avaient été délivrés à Loudun : un par an ! En vingt ans, de 1960 à 1980, nous avons construit mille huit cents logements neufs.

N'y avait-il pas un danger à augmenter le chiffre de la population ? Si, dans la mesure où on n'aurait pas réalisé les équipements correspondants. Pour retenir la nouvelle population, celle qui venait combler une lacune à Loudun, où nous avions des personnes relativement âgées et d'autres très jeunes, il fallait lui offrir sur place l'essentiel des services traditionnellement concentrés dans les villes plus importantes. Services se groupant autour de trois domaines principaux : l'éducation, la santé, la culture.

Les nombreux contacts que j'entretenais avec les industriels et les démarches faites pour les persuader de s'installer à Loudun m'avaient convaincu de l'importance d'implanter des établissements d'enseignement et de formation professionnelle. D'une part, il fallait former la main-d'œuvre qu'ils allaient employer ; si on voulait attirer des activités à forte valeur ajoutée, il était nécessaire de lui donner un niveau satisfaisant de qualification. D'autre part, on offrait ainsi, aux enfants de ces travailleurs les mêmes chances qu'à ceux des grandes villes : ils en retireraient le goût et les moyens de rester sur place. Les « enfants de la croissance » ne devaient pas être contraints à l'exode de la deuxième génération.

Nous avons à cette fin rénové le lycée classique, créé un collège secondaire et un lycée professionnel, installé des maternelles et des classes élémentaires.

Une commune où l'on reste est aussi une commune où l'on peut se faire soigner quand on est malade. Notre centre hospitalier a été modernisé à plusieurs reprises, avec un souci tout particulier pour les personnes âgées, qui ont trouvé des services médicaux et paramédicaux meilleurs et plus nombreux. Mais nous avons développé aussi, le plus possible, le « maintien à domicile ». Sauf quand l'état du patient rend nécessaire un transfert, le soigner chez lui atténue l'aspect traumatisant de la maladie et assure de meilleures chances de guérison. C'est une formule qui a l'avantage supplémentaire d'être économique, supprimant en particulier les frais d'hébergement à l'hôpital. Elle est maintenant généralisée à tout le département.

Mais la meilleure manière de ne pas tomber malade est d'être actif, de s'occuper, de pratiquer un sport. Dans mon souvenir, je mets en parallèle les moments privilégiés que constituaient, dans ma jeunesse, les parties de football disputées en fin de semaine avec l'équipe de Loudun, et l'ennui mortel des journées de permission passées, pendant mon temps sous les drapeaux, à Tours ou à Issoudun, où je ne connaissais personne. A Loudun, à part le terrain de foot, il n'y avait rien. Aujourd'hui on peut pratiquer tous les sports et bientôt on pourra même jouer au golf presque sans bourse délier. Pour huit mille cinq cents habitants, nous avons trois mille licenciés sportifs. La vie associative est florissante, nous comptons cent associations dont la liste des activités ressemble à l'inventaire de Prévert : karting, pêche, boules, vol à moteur, société historique consacrée au passé du Loudunais et toutes les autres qu'il serait trop long de citer... Je reçois une heure par an chacune des cent associations, ceux qui désirent en créer une reçoivent toujours un accueil bienveillant de la municipalité.

Ces associations permettent aux gens de se connaître en dehors de leurs seuls rapports de travail. Si nous voulons une « autre société » plus libre et plus responsable, il faut cesser de considérer que la situation professionnelle est seule déterminante dans la vie sociale. Sorti de son usine, l'ouvrier est le P.-D.G. de la détente. Le P.-D.G. de l'entreprise industrielle vient prendre sa carte de tennis ou de belote chez l'ouvrier président.

Cela montre qu'on peut organiser la vie sous un jour plus favorable. Loudun est sans doute une des villes de moins de dix mille habitants les mieux équipées de France, ce qui ne l'empêche pas de réclamer à ses habitants des impôts légers. Une des raisons en est que les services municipaux emploient un personnel peu nombreux mais efficace. J'ai cherché à innover plus qu'à gérer, et aussi à susciter. Les associations se prennent en main toutes seules ; la ville fait la promotion, à elles d'assurer l'animation.

Un des grands pièges de notre civilisation est l'indifférence dans laquelle les hommes risquent de s'enfoncer les uns par rapport aux autres. Enfant, je connaissais tous les gens de ma rue, de mon quartier. Je voyais, adulte, dans les grandes villes, des locataires ne plus connaître leur voisin de palier. Comment ne pas être inquiet de la dégradation des relations sociales ? Pour l'éviter, nous avons également intensifié l'information. Dès 1961 j'organisai avec mes collègues des réunions qui connurent un franc succès. Depuis, chaque habitant reçoit, année après année, un bulletin municipal très complet indiquant la marche des affaires, en particulier sur le plan des finances. Nous n'avons rien à cacher et il faut que chacun soit tenu au courant. Cela peut paraître banal en 1982, mais je ne suis pas sûr que, vingt ans plus tôt, il y eût beaucoup de municipalités moyennes pratiquant cette information systématique.

Les nouveaux modes de communication ont frappé nos contemporains d'une forme de presbytie, qui leur fait voir les événements du Japon ou des Malouines, mais non ce qui se passe à leur porte. Nous avons voulu leur dire : « Regardez aussi autour de vous ! »

6.

Loudun, près de Ouagadougou

Mais savoir ce qui se passe au Japon ou aux Malouines n'est pas connaître vraiment les habitants de ces contrées lointaines. Après mon élection de 1959, je pris contact avec la Fédération mondiale des villes jumelées pour y faire adhérer ma commune. Dès ma première rencontre, je trouvai de nouveaux amis, souvent très différents de moi, qui commençaient à développer ce mouvement. Nous n'étions pas politiquement de même philosophie mais rapidement l'amitié l'emporta sur la différence. Ce fut une découverte d'une grande fécondité. En facilitant cette compréhension des hommes au-delà des frontières, n'avions-nous pas une chance de les rendre meilleurs ?

Il ne fallait pas commencer par une initiative trop insolite pour nos habitants jusqu'alors assez repliés sur eux-mêmes. Je choisis une ville belge, proche de nous, par conséquent, par la géographie et par la langue. Les démarches accomplies, le premier échange eut lieu avec la venue de deux cent cinquante Belges, qui passèrent quarante-huit heures dans les familles. Le succès fut total. L'émotion était si grande au moment où les cars durent repartir pour Leuze que tout le monde pleurait, comme lorsque des parents sont amenés à se quitter.

En 1965, me trouvant en voyage à Moscou, je reçus une proposition de Joseph Conombo, aujourd'hui emprisonné dans son pays pour cause de révolution : jumeler Ouagadougou, capitale de la Haute-Volta, avec Loudun. J'acceptai avec enthousiasme, me demandant ensuite pourtant comment mes compatriotes allaient prendre la chose. Je ne les remercierai jamais assez d'avoir apporté le meilleur d'eux-mêmes pour la réussite de ce nouveau jumelage. Nombreux sont ceux qui se sont rendus à Ouagadougou, découvrant ces pays pauvres d'Afrique, ces peuples toujours au bord de la famine et dont on parle avec un intérêt condescendant pour se donner bonne conscience, après un repas riche en calories, dans les salons de Paris ou d'ailleurs. Nous avons maintenant en permanence des Africains dans nos murs car Loudun assure la formation de cadres moyens (mécanique, bâtiment, administration municipale...). Ils sont choyés par la population. Des réalisations de toute nature ont été faites à Ouagadougou mais je suis certain que c'est nous qui avons le plus appris et donc reçu.

C'est cette même année que la Fédération mondiale des villes jumelées me demanda de me rendre à l'O.N.U. pour défendre sa cause : elle voulait obtenir la reconnaissance du « statut A » au Conseil économique et social. Je m'embarquai donc pour New York, un peu perplexe sur la réussite de ma mission car je ne connaissais même pas l'anglais. Et je me retrouvai, petit maire de campagne, devant une commission de treize pays, argumentant au mieux devant des délégués dont plusieurs n'étaient pas favorables à nos projets. Finalement, je gagnai par huit voix et cinq abstentions et rentrai à Paris fier de ce succès.

Longtemps chemina l'idée d'un lien à créer avec les pionniers loudunais partis au début du XVIIe siècle vers la terre promise canadienne, à l'appel de Richelieu. Les retrouvailles se sont maintenant opérées, nous avons effacé trois cent cinquante ans d'oubli grâce à deux jumelages que l'on peut qualifier d'historiques : l'un avec Thibodaux, en Louisiane, l'autre avec Shippagan, au nord du Nouveau-Brunswick, sur la côte acadienne. Qui plus est, Thibodaux songe à se jumeler avec Shippagan, traçant ainsi le troisième côté d'un triangle de l'amitié.

L'histoire allait dicter un autre rapprochement : par l'intermédiaire de saint Alléaume, né dans notre ville et vénéré à Burgos où il vécut et mourut, deux paroisses poursuivent depuis dix ans des relations qui conduiront à un nouveau jumelage. Pendant l'été de 1982, un rassemblement de cinquante jeunes de toutes les villes sœurs a scellé l'amitié des peuples à Loudun, où a été érigé un monument de la fraternité.

L'isolement est donc fermement rompu. Il l'est d'autant mieux que nous avons aussi établi des liens privilégiés avec la région proche. En travaillant à l'expansion de Loudun, nous aurions pu faire subir aux communes rurales les inconvénients que nous cherchions à éviter pour nous : exode de la population, dégradation des services publics, disparition des emplois.

Le projet de développement pour la ville ne pouvait réussir que s'il était intégré dans un plan plus vaste, à l'échelle du canton. C'est pourquoi j'ai sollicité le mandat de conseiller général, que j'obtins en 1961.

Je pouvais avoir une vue plus large des choses et faire quelques petites remarques. Par exemple : si un Loudunais s'expatrie à contrecœur vers Poitiers ou Paris, n'est-il pas normal qu'un habitant de nos communes rurales préfère rester chez lui plutôt que de venir travailler à Loudun ? Autre exemple : je pouvais empiler bloc de béton sur bloc de béton à la périphérie de la ville, absorber la population des campagnes, réaliser une mégalopolis, mais ce mécanisme était humainement défectueux et au surplus coûteux. A mesure que l'on fermait des écoles dans les villages, il fallait en construire à Loudun ; en y ajoutant des foyers de jeunes, car la famille dispersée ne pouvait plus remplir son rôle traditionnel d'éducation des enfants. Dans le même temps, les grands-parents restés au village n'étaient plus protégés par les jeunes, on devait donc créer pour eux des maisons de retraite. Quel gâchis !

Je trouvais très regrettable que la vie moderne éloigne les enfants de leurs grands-parents auprès desquels, autrefois, dans les maisons de village, ils apprenaient tant de choses, et que les uns et les autres soient confiés à des institutions, écoles ou maisons de retraite, matériellement confortables, mais humainement beaucoup moins attrayantes.

Loudun est un cas unique de ville subventionnant à fonds perdus cinquante communes rurales environnantes. Dans ces dernières, cinq cents logements ont été construits. Appliquant, en le redressant, le conseil de M. Prudhomme, nous sommes une ville qui construit à la campagne. Nous avons, avec les maires du Loudunais, signé en 1975 un contrat de solidarité, soutenu par un contrat de pays, qui permet à chacune de ces communes de voir ses investissements, en matière d'équipements de toute nature, subventionnés à hauteur de 35 % par la ville. Les équipements et les services publics sont ainsi répartis sur les quatre cantons ; tous les enfants sont scolarisés gratuitement chez eux à l'âge de deux ans et demi, ce qui a permis de rétablir l'égalité des chances entre les jeunes de la ville et ceux de la campagne.

En sept ans, trente millions de francs ont été investis pour la vie rurale. En sommes-nous plus pauvres ? Au contraire ; nos impôts locaux sont de 30 à 40 % inférieurs à ceux des villes de taille comparable. Loudun en a-t-elle profité pour exercer sur son environnement une sorte de suzeraineté ? D'aucune manière : dans notre syndicat de solidarité, chaque commune dispose d'une voix. La liberté de chacun est respectée.

Devenu président du Conseil général à la mort de Pierre Abelin, j'ai poursuivi à l'échelle du département ce qui m'avait paru profitable dans l'arrondissement de Loudun. Et ce fut le syndicat départemental « Vienne services », qui regroupe cette fois deux cent soixante-dix communes, soit la totalité de celles du département, quelle que soit l'appartenance politique de leurs élus.

L'informatisation des fichiers d'élections, de la paie, la création de services juridiques et comptables, d'une agence pour les travaux, ont permis à chaque maire d'offrir à ses concitoyens la même qualité de services que dans les grandes villes. Ce qui aurait été évidemment hors de leur portée sans cette union des efforts et des moyens.

Dès 1978 nous incitions par ce biais les communes à faire des investissements économiseurs d'énergie. Puis nous avons préparé un système de gestion entièrement informatisé pour un coût inférieur de 30 à 40 % à celui que les communes auraient pu obtenir seules. Dans cinq ans, nous leur aurons permis de maîtriser le futur plutôt que de le subir.

De tout cela, qu'ai-je retenu ? J'ai d'abord mesuré le poids des collectivités locales, communes ou départements, dans l'expansion économique puis dans la crise. J'ai évalué aussi le rôle qu'elles peuvent jouer pour contribuer à faire naître une organisation nouvelle. Celle-ci, intégrant les mutations technologiques fantastiques de ce siècle, propose une vision plus ouverte et plus humaine de la société.

Partisan de longue date de la décentralisation, mais d'une décentralisation qui ne soit pas sans moyens, j'y vois une responsabilité plus grande de nos concitoyens dans la gestion de leurs affaires et un renforcement de la maîtrise qu'ils ont de leur avenir.

Je crois en outre cette réforme nécessaire. Il a fallu la poigne de Richelieu, de Louis XIV et de Napoléon pour forger une unité nationale à un territoire aussi vaste et divers que celui de la France. Il fallait aussi sans doute que la croissance économique ne soit pas désordonnée et qu'une volonté centralisatrice en fixe les axes directeurs.

Dans la réalité d'une croissance globale désormais limitée, il est nécessaire d'aménager « autrement ». Cet autrement ne peut être choisi que par les Français eux-mêmes, dans leurs villes et dans leurs villages. La contrepartie de la croissance des trente dernières années a été une conception un peu trop quantitative, normative et technocratique de l'aménagement du territoire. Je crois cette époque révolue ; les Français veulent retrouver les « racines » dont la croissance a pu un instant les couper. Cela signifie que nous devons trouver d'autres formes d'aménagement de l'espace et du temps.

Une des richesses essentielles de notre pays, c'est l'étendue de son territoire et le nombre de ses communes. Nous devrons savoir en tirer parti et abandonner l'idée que, pour faire le bonheur des hommes, il faille les concentrer dans des métropoles grandies trop vite, peu humaines et difficilement gérables.

Qui dira le coût économique et surtout social des transferts de population et de l'urbanisation accélérée ? Il n'a jamais été mesuré, il est sans aucun doute considérable. Une des plus grandes erreurs de l'après-guerre est d'avoir laissé se développer sans contrôle les banlieues des grandes villes, avec leurs ghettos sociaux et économiques. Les exemples récents de violence dans ces quartiers montrent que nous aurons du mal à résoudre ce problème. Erreur aussi d'avoir favorisé la création de « villes nouvelles », produits d'une vision technocratique de l'aménagement du territoire. On y concentre en troupeaux des populations sans histoire ni traditions communes, étrangères les unes aux autres ; des hommes de nulle part.

Il eût mieux valu sans doute favoriser la croissance des villes moyennes et préserver ainsi le tissu économique environnant (pour être juste, il faut dire pourtant que la politique de contrats « de villes moyennes » ou « de pays » a marqué, à partir de 1975, un effort tardif mais réel dans cette direction).

La décennie qui vient restituera, j'en suis convaincu, à la vie de la cité, de la communauté que représente le village ou la petite ville, l'importance qu'elle mérite. On a cru que les concentrations d'activités ou de populations permettaient des économies d'échelle. Les progrès de la technique, en particulier de l'informatique, ont rendu ce calcul caduc. En revanche nos concitoyens aspirent à plus d'échanges et à une plus grande solidarité. Président du Conseil général doté de pouvoirs nouveaux, je m'y emploie. Il dépendra des élus locaux de prendre ce nouveau tournant. C'est le véritable enjeu de la décentralisation.

7.

L'économie ? Une affaire de bon sens !

A quelle époque suis-je « entré en politique » ? Lors de mon élection municipale, indiscutablement, sans que je m'en sois rendu compte. Mais la politique vint à moi d'une façon nette le jour où Pierre Abelin me demanda, au cours d'un banquet réunissant à Loudun les « soldats du feu », d'être son suppléant aux prochaines élections législatives. Au retour du général de Gaulle en 1958, il avait été battu par un U.N.R. peu connu.

J'étais encore loin de ces combats et la perspective m'effrayait un peu. Mon ambition n'avait guère dépassé les limites de mon canton ; devenir suppléant d'un candidat député me faisait franchir une étape que je croyais encore loin de moi. J'acceptai assez rapidement, néanmoins, l'offre qui m'était faite, nous partîmes en campagne, tenant autant de réunions qu'il y avait de communes, c'est-à-dire cent dix. Le succès fut à l'arrivée. Mon ami Abelin était un homme politique de grande valeur. Elu maire de Châtellerault en même temps que moi à Loudun, il sut dès les premières années donner une extraordinaire impulsion au développement de sa ville.

Il me fit connaître le Centre démocrate. Au début, j'avançais avec prudence mais progressivement je me sentis à l'aise dans ce parti auquel je suis toujours resté fidèle et que je souhaite servir le plus longtemps possible.

C'est en 1968 que je décidai de me présenter au Sénat.

Un des deux sortants, Jean-Marie Bouloux, choisit de me prendre pour équipier. Je fis une campagne minutieuse, visitant chaque maire et chaque délégué, mais il y avait neuf concurrents, j'étais encore peu connu, les jeux n'étaient pas faits. Me retrouvant en deuxième position au premier tour, derrière Bouloux, je fus élu au second, avec dix-sept voix d'avance, malgré un désistement favorable des candidats U.N.R. au profit de mes adversaires.

A mon arrivée au palais du Luxembourg, je m'inscrivis au Groupe centriste, confirmant ainsi mon appartenance au Centre démocrate de Jean Lecanuet. Tout nouveau venu dans la maison, j'eus l'occasion de prendre largement part aux débats quand il fallut élire un président à la place de Gaston Monnerville, qui ne se représentait pas. Je surveillai les opérations de très près et revois encore le président Poher, assis dans un fauteuil dans l'attente des résultats, quand je lui annonçai à mi-dépouillement qu'il avait une quinzaine de voix d'avance.

J'obtins de justesse une place à la commission des Finances, on me confia le rapport de la Jeunesse et des Sports. Je commençais mon véritable apprentissage de législateur, car c'est bien dans cette maison sérieuse et appliquée que l'on peut acquérir les connaissances et l'équilibre nécessaires à un homme politique.

J'appris à connaître Yvon Coudé du Foresto, rapporteur du budget de la Défense, et à apprécier sa clairvoyance et sa vivacité intellectuelle. Quand, au moment du renouvellement partiel, le Rapport général revint à notre groupe, c'est lui qui en fut chargé, Pellenc étant élu président de la commission. Je passais quant à moi de la Jeunesse aux Armées. Je me suis passionné pour ce rapport du budget de la Défense nationale. Il m'est arrivé aussi, une année, d'examiner en même temps le rapport des D.O.M.-T.O.M., que je détiens de nouveau depuis mon retour au Sénat.

Il me fut donné de vivre un grand moment de l'histoire de cette institution, quand, à la suite des événements de 1968, le général de Gaulle proposa le référendum remettant en cause son existence. Le président Poher, qui joua un rôle capital pour le maintien de notre assemblée, eut à assumer pendant quarante jours, après le départ du général, la responsabilité de président de la République. Le Sénat sortit grandi de cette aventure, il avait démontré à la France qu'avec son président, il était capable d'assurer la continuité de la République.

Mon ami Coudé du Foresto, qui guidait mes pas dans la maison en me faisant éviter le maximum d'erreurs, était décidé à me céder en 1975 la place de rapporteur général. Mais, plutôt que d'affronter les à-coups qui se produisent d'une façon toujours imprévisible lors d'un renouvellement partiel du Sénat, il le fit en cours de mandat. Comme il resterait à la commission des Finances, il pourrait continuer à m'apporter le bénéfice de son expérience. Les choses se passèrent comme prévu, je devins rapporteur général en juin 1975, lourde charge mais sans doute la plus formatrice pour un homme politique.

C'était l'époque de la réforme de la patente, qui commençait à provoquer des remous dans les milieux économiques. Je fis voter par le Sénat au nom de la commission que je présidais, un amendement qui limitait les baisses pour les patentés particulièrement favorisés. Il est bien dommage qu'ensuite l'Assemblée nationale ne nous ait pas suivis sur ce terrain, elle aurait épargné à l'ancienne majorité de lourdes difficultés. Quelques semaines après, la taxe professionnelle ainsi instituée continuait à faire des ravages, le Premier ministre nommait une commission pour tenter d'enrayer les contestations et proposer une réforme. Nous avons travaillé pendant trois mois sans aboutir, car le mal était fait : 70 % des assujettis à la patente avaient bénéficié d'un abattement considérable, il devenait difficile, en modifiant cette taxe, de reprendre à ceux à qui on venait de donner. L'amendement du Sénat aurait incontestablement facilité les choses.

C'est aussi du temps que j'étais rapporteur général que nous avons voté, sur la proposition de la commission des Finances, le remboursement de la T.V.A. aux communes. La tension qui montait alors entre le gouvernement et les collectivités locales baissa aussitôt. Il est probable que la décentralisation actuelle, même si elle comprend des aspects positifs, ne sera pleinement accueillie par les responsables de ces collectivités que lorsqu'un véritable financement sera prévu.

En mars 1977, la majorité en place perdait les élections municipales. Je fus de ceux qui surnagèrent à la lame de fond, étant réélu avec toute ma liste et faisant un score personnel tout à fait favorable, avec 65 % des voix.

Au-delà de satisfactions vives, ce quart de siècle ou presque de mandats locaux m'a fait vivre quotidiennement, sur le terrain, les réalités de l'aménagement du territoire, dans l'expansion économique puis dans la crise. Au Sénat, j'approfondissais les questions sur le plan national. La part économique de ces problèmes est assurément essentielle et je veux répondre à une question qui m'a été récemment posée, en me surprenant d'ailleurs : « Où avez-vous appris l'économie ? Quels sont les livres qui vous ont marqué ? »

Je n'ai jamais lu de livres d'économie, même ceux, qu'il me pardonne, de Raymond Barre. Si je connais les mécanismes qui régissent cette discipline, c'est pour avoir participé à des réunions, écouté, lu les journaux, pratiqué l'économie dans ma vie de chef d'entreprise et d'administrateur municipal, de conseiller général, de sénateur. J'ai surtout beaucoup retenu, grâce à une mémoire qui me restitue à cinq ans de distance les événements, les chiffres, les propos tenus. C'est ainsi que je n'ai jamais lu un discours sauf peut-être dans certaines réunions internationales.

Je n'ai jamais non plus utilisé de calculatrice électronique ; ja savais faire de tête n'importe quelle multiplication de quatre chiffres par trois quand j'étais encore dans mon entreprise. Je suis reconnaissant à mes instituteurs d'autrefois d'avoir développé en moi cette faculté par des méthodes bien méprisées, malheureusement, de nos jours.

Quand on sait compter et retenir, on peut faire de l'économie. Contrairement à une opinion admise, il n'y a rien de plus simple. A condition d'être cohérent : si vous mettez les choses ensemble comme elles doivent l'être, ça marche. Et puis l'économie est fille du bon sens. Récemment, à Versailles, un jeune inspecteur des Finances me disait avec étonnement :

« Vous expliquez simplement des choses qui me paraissent toujours compliquées ! »

Mon évolution personnelle est celle que j'ai racontée dans les pages qui précèdent ; la voie est simple : pour remettre la France dans le bon sens, il faut éviter de chercher midi à quatorze heures.

8.

Délai de réflexion : trois minutes !

En mars 1977, je fus invité avec quelques collègues sénateurs et députés à déjeuner chez le Premier ministre. Au cours du repas, nous sentîmes son agacement, son irritation à propos de certains accrochages politiques qui avaient eu lieu au cours des derniers mois à l'intérieur du gouvernement. Personne, cependant, n'en déduisit qu'il se disposait à modifier profondément son équipe dans les jours qui suivraient.

Je participais alors à une commission présidée par M. de la Genière, l'actuel gouverneur de la Banque de France, et qui avait pour objet d'étudier la gestion des entreprises nationales. J'ignorais que j'allais être ultérieurement chargé de mettre en œuvre la plupart des recommandations que cette commission formulait et c'est sans arrière-pensée que je répondis à l'invitation du président Poher, qui m'avait demandé de venir le voir dans son bureau. Je m'apprêtais à l'entretenir du déroulement de nos travaux quand il m'annonça sans préambule :

« Le Premier ministre m'a chargé de vous transmettre son souhait que vous entriez dans le gouvernement. »

Ma première réaction fut négative, surtout lorsqu'il ajouta :

« Je crois que c'est pour le ministère de la Santé, mais je n'en suis pas sûr. »

Je sortis du bureau un peu étourdi mais avec la ferme intention de ne pas revenir sur mon refus. Poher me rappelait peu après :

« Vous ne semblez pas très enthousiasmé. Pourtant, je ne saurais trop vous inviter à accepter. Vis-à-vis du Sénat et de moi-même, vous ne pouvez pas dire non. »

Décontenancé, je téléphonai à trois amis, espérant secrètement qu'ils abonderaient dans mon sens. C'étaient Pierre Abelin, Yvon Coudé du Foresto et Edouard Bonnefous. Peine perdue ; tous trois me répondirent :

« Pour un grand ministère, vous ne devez pas hésiter. »

Le lendemain, je rencontrais mes amis politiques Jean Lecanuet et Jacques Barrot, qui exprimèrent le même avis. J'ai particulièrement apprécié la gentillesse de Lecanuet, qui allait quitter le gouvernement alors que j'y entrais.

« Accepte. Grâce à toi, les couleurs du C.D.S. continueront à être représentées dans l'équipe ministérielle. »

Les événements se précipitent. Me voici — c'est un mercredi matin à 10 heures — franchissant la porte du cabinet du Premier ministre.

Raymond Barre, je crois bien le connaître. Nous nous sommes rencontrés pour la première fois alors qu'il était ministre du Commerce extérieur. Puis plus souvent quand, devenu Premier ministre, il conserva en même temps le portefeuille de l'Economie et des Finances. Il vint défendre devant le Sénat son budget avec son ministre délégué. Nous eûmes plus d'une fois l'occasion de nous opposer ; c'était dans la nature de nos fonctions respectives. Je n'en concevais pas moins une très grande estime pour son sens de l'Etat, sa compétence, sa fermeté.

Et puis, derrière le ministre ou le professeur, j'avais découvert un homme très gentil. La physionomie qu'il présente en tête à tête est éloignée de celle qu'ont retenue les médias ; je crois qu'il en rajoute en agressivité, lorsqu'il est en public, pour ne pas se laisser entraîner par son caractère naturellement complaisant. Dans les conseils interministériels, par exemple, il commençait volontiers par une sévère leçon de morale comme pour dresser une palissade ; après quoi la discussion pouvait s'ouvrir. Si l'on a un problème à régler, auquel on tient beaucoup, il vaut mieux le voir en particulier. Déjeunant un jour au Sénat auprès de Mme Barre, je lui dis :

« Je connais bien votre mari, maintenant. Dans les arbitrages, j'arrive souvent à gagner.

— Oh, fit-elle, très intéressée, comment ?

— Comme il est très gentil, il ne veut pas toujours donner tort ou raison au même. Je glisse d'abord la chose la moins importante puis, quand je sens qu'il souffre d'avoir dû refuser, j'avance mon pion principal. »

Cela étant, je sais qu'il ne transige jamais avec ses vérités de fond. De même n'a-t-il jamais trahi sa parole. Il m'a régulièrement soutenu alors que beaucoup me critiquaient. Les gens qui travaillent avec lui n'ignorent pas qu'il est d'une fidélité irréprochable à leur égard.

Le Premier ministre me fait asseoir et va droit au but :

« J'avais d'abord pensé pour vous à la Santé. Mais, après réflexion, j'ai préféré grouper deux ministères, l'Industrie d'une part, le Commerce et l'Artisanat de l'autre. Compte tenu de vos origines, ce poste devrait mieux vous convenir. »

En effet ce changement de destination ne pouvait que me plaire. Je demandai naïvement à Raymond Barre :

« Quel délai de réflexion m'accordez-vous ?

— Trois minutes. Le temps de sortir du bureau. »

Il ne me restait qu'à acquiescer.

De l'extérieur, on a trop souvent tendance à ne juger la fonction ministérielle que sur les « signes extérieurs du pouvoir » qui l'accompagnent. Ce jour-là, en rentrant en voiture au Sénat, j'avais surtout conscience de l'énorme responsabilité qui m'incombait et de l'ampleur de la tâche. A aucun moment, toutefois, je n'ai été inquiet ou torturé.

Le lendemain, je franchissais pour la première fois la porte de la salle du Conseil des ministres. J'étais le seul vrai « nouveau », Alain Peyrefitte faisant, quant à lui, une rentrée. C'était mon premier contact réel avec le président de la République, que je n'avais approché que deux ou trois fois, en commission des Finances ou à l'Elysée.

Après les présentations d'usage, Valéry Giscard d'Estaing rappela aux uns et aux autres quelles étaient leurs tâches, ainsi que l'aspect secret de nos délibérations. Puis il demanda aux nouveaux s'ils avaient quelque chose à dire. Je me rappelle avoir brièvement répondu que je souhaitais qu'à tout moment nos efforts tendent à assurer la prépondérance de l'élu sur l'administration. J'eus par la suite l'occasion de vérifier que ce souhait n'était pas superflu.

Je m'installai rue de Grenelle, à la place de Michel d'Ornano, constituai mon équipe autour de J.-J. Bonnaud, alors directeur du cabinet de Lecanuet, et avec l'aide de Michel Albert, son chargé de mission.

J'avais résolu de ne pas modifier mon comportement ni mon langage. Les gens vous choisissent tel que vous êtes, il ne me paraissait pas utile de changer de personnalité. J'ai connu des quantités d'amis terriblement inquiets dans leur fonction de ministres. Si l'on est de nature inquiète, il ne faut pas accepter de tels postes. J'ai gardé mon appartement de quarante-huit mètres carrés rue de Vaugirard. N'étant pas un homme du soir ni un habitué des cocktails, je sortais peu ; les dîners en ville ne servent à rien. Le matin, je retrouvais mon équipe à huit heures, pour un petit déjeuner de travail, puis la journée se poursuivait jusqu'à 20 heures ou 20 h 30. Pas plus que par le passé je n'écrivais mes discours, ce qui représente une perte de temps ; car si l'on doit les faire écrire par d'autres, on devient vite la proie de leurs services et on sombre dans la technocratie. Pour le reste, j'ai été fidèle à mon habitude de faire confiance aux gens.

Cette première année ministérielle sur laquelle planait déjà l'ombre des élections législatives de 1978, où l'on ne nous donnait guère de chances de gagner, passa très vite.

Je retrouvais dans mes activités un milieu que je connaissais bien et dans lequel j'avais forgé mon expérience d'entrepreneur. Grâce à un travail intense et à l'action de mes collaborateurs, qui surent parfaitement traduire mes décisions en termes administratifs, mes relations avec les services furent bonnes. A l'occasion cependant de quelques petits « accrochages » inévitables entre ministères, je mesurai l'autonomie et le poids de la citadelle qu'était le ministère de l'Economie et des Finances.

Politiquement il me fallait aussi expliquer à mes amis du C.D.S. qui, au début, marquaient quelques réticences, que le progrès social ne pouvait aller de pair qu'avec le rétablissement du profit. Je m'efforçais de réhabiliter ce mot « profit » qui conserve dans notre langue une connotation péjorative. (Peut-être faut-il y voir, n'en déplaise au C.D.S., les conséquences d'une société marquée par le catholicisme ?)

Il me semblait essentiel de créer un environnement favorable à nos entreprises, et d'orienter les structures de notre appareil de production vers les priorités nouvelles nées des conséquences de la crise.

Je n'avais pas pour autant une conception dirigiste de l'économie et je persiste à penser que le rôle de l'Etat n'est pas de se substituer à l'initiative privée dans la gestion de l'industrie.

Il lui appartient seulement, me semble-t-il, de créer un contexte favorable en déterminant les grandes priorités, et en assurant la charge d'investissements d'intérêt collectif trop lourds pour la seule initiative privée (nucléaire, transports...).

C'est dans cet esprit que je m'étais assigné quelques objectifs essentiels :

— La recherche de l'indépendance énergétique nationale avec la mise en œuvre du programme nucléaire et le développement d'énergies nouvelles (comme la création en particulier du Commissariat à l'énergie solaire).

Peu dotée en matières premières, la France, pour payer son pétrole, subissait en effet une véritable hémorragie de richesses qu'il fallait juguler, d'autant plus vite d'ailleurs que la hausse du pétrole attisait l'inflation.

Je dois dire à cet égard que si nous sommes aujourd'hui les seuls dans le monde à consommer 40 % d'électricité d'origine nucléaire, nous le devons à la clairvoyance et à la fermeté du président de la République d'alors qui, très tôt, a compris le risque à long terme que représentait notre dépendance énergétique.

— Le développement des technologies nouvelles, seules susceptibles à terme de maintenir notre pays dans le peloton de tête des nations industrielles et de lui permettre de résister à la concurrence des pays en voie d'industrialisation. Dans ce domaine, j'ajoutais aux efforts engagés par mon prédécesseur dans l'informatique et la péri-informatique le lancement d'un plan « composant » axé sur la coopération entre firmes françaises et américaines sur le sol français ; je confirmais le lancement du programme européen Ariane et celui de satellites spatiaux, ainsi que le développement de techniques sous-marines. J'ai à ce sujet un très bon souvenir : le jour où les plongeurs du C.N.E.X.O. ont battu le record du monde de profondeur à —450 mètres, j'ai voulu les accompagner dans une capsule de plongée. Au début, cette proposition avait un peu surpris mes collaborateurs qui ignoraient sans doute que la pêche est une de mes distractions favorites, et que la contemplation des profondeurs ne pouvait me laisser indifférent, mais tout s'est merveilleusement passé et je me suis retrouvé à 500 mètres sous la mer.

— La reconquête du marché intérieur, que je conçus non comme un repli frileux et protectionniste sur nos propres frontières, car je connaissais trop les avantages que les firmes françaises avaient pu tirer de la suppression des barrières douanières intracommunautaires, mais comme la succession d'opérations de restructuration industrielle dans des secteurs où sans raison nous étions trop faibles. Il fallait alors, dans la filière bois, l'industrie du camion, certaines branches de l'agro-alimentaire, ou ailleurs, restaurer la compétitivité internationale de nos entreprises, et non fermer le marché intérieur à leurs concurrents car une telle mesure aurait entraîné des mesures de rétorsion, sans pour autant assurer l'avenir des productions nationales qui ensuite n'auraient plus trouvé à l'extérieur les marchés nécessaires à leur développement.

— Le renforcement de la politique de concurrence, qui allait de pair dans mon esprit avec les objectifs de reconquête du marché intérieur. En cette matière, il me semblait nécessaire de développer les mesures favorables à la création et à la croissance des P.M.E. et de l'artisanat. Je suis en effet convaincu que la rapidité du développement technologique favorise les petites entreprises, plus mobiles et réceptives à l'innovation, plus aptes que les grands monstres industriels à saisir rapidement un marché qui se crée. En d'autres termes, pour gagner la cause du développement, mieux vaut des hors-bords que des paquebots.

Par ailleurs, dans la mesure où les biens d'équipement de l'industrie et des ménages, techniquement complexes, exigent un entretien fréquent et proche de l'utilisateur, il me semblait possible de développer un artisanat qualifié, et créateur d'emplois.

Ces quatre objectifs prioritaires ont été, je crois, compris des industriels. Pour être pleinement efficaces, ils devaient, à mes yeux, être complétés par une réforme essentielle qui seule pouvait donner aux entreprises un environnement identique à celui de leurs concurrentes étrangères : cette réforme, c'était le retour à la liberté des prix, qui avait disparu depuis 1945.

Autant dire que la rétablir bouleversait un certain nombre d'habitudes. On ne pouvait le faire qu'avec un consensus politique au sein de la majorité ; plus délicat encore : elle était de la compétence du ministère des Finances...

La législature se terminait. Tout ou à peu près pouvait être remis en question, les journaux ne donnaient pas cher de la majorité sortante, les sondages en sonnaient le glas, la gauche se disposait à entrer en force au Parlement, sur la lancée des municipales de l'année précédente (1977).

Et puis ce fut la surprise : les élections législatives furent gagnées par la majorité, elle sortait même renforcée du scrutin. Je pensai que, si l'on faisait de nouveau appel à moi, nous avions encore de bonnes années de travail devant nous.

9.

Un sénateur rue de Rivoli

Rue de Grenelle, il nous arrivait, à mes collaborateurs et moi, de rêver que le ministère des Finances soit confié à un sénateur. C'était vraiment un rêve, car cela ne s'était pas produit depuis cinquante ans. En général, les titulaires de ce poste étaient des spécialistes de la finance ayant occupé dans l'Administration de hautes responsabilités. Antoine Pinay avait fait exception à la règle.

Cependant, je me rendais de plus en plus compte que de la rue de Rivoli seulement on pouvait effectuer des réformes comme celles auxquelles j'étais attaché.

Dans les dernières semaines du cabinet qui allait être modifié, on parlait pour moi du Travail et de la Sécurité sociale. Je ne me sentais pas attiré par cette fonction. Au contraire, j'avais préparé psychologiquement le terrain pendant mon année à l'Industrie par mes prises de position très claires sur la liberté de l'économie et la nécessité d'une économie de marché saine pour assurer un développement social durable. Raymond Barre conserverait-il le portefeuille de l'Economie et, s'il s'en dessaisissait, à qui le confierait-il ?

Son choix se porta sur moi, ce qui, dans l'opinion, produisit un certain effet de surprise. Je m'installai donc rue de Rivoli dans le grand bureau, celui qui est reconnu comme le plus important par tous les fonctionnaires. Avec Michel Pebereau, mon directeur de cabinet, je constituai une équipe extrêmement réduite, chacun ayant une délimitation très claire de ses responsabilités et ne regardant pas à son temps. J'indiquai tout de suite à ces collaborateurs de choix quelles réformes je souhaitais mener à bien et, dès ce moment, quelle merveilleuse machine se mit en marche ! Le succès électoral nous donnait quelques mois privilégiés pour faire avancer ces réformes (l' « état de grâce », déjà !). Je voulais concentrer mes efforts sur un nombre réduit d'objectifs :

— le retour à la liberté des prix ;

— la modification des circuits financiers et l'amélioration du financement des entreprises ;

— le développement des échanges internationaux ;

— l'émergence des consommateurs (faire jouer à ceux-ci leur vrai rôle, qui équilibrerait, en particulier, le retour à la liberté des prix).

J'avais un atout : je n'étais pas attaché à ma longévité ministérielle. Je prenais quelques risques en essayant de modifier des habitudes de plus de trente ans, mais quand on a la chance, un court moment de sa vie, d'exercer des responsabilités importantes, mieux vaut faire avancer les idées profondément ancrées en soi-même que de tenter par tous les moyens de faire durer le temps de ces responsabilités.

Rendez-vous succédant aux rendez-vous, déplacements en voiture pendant lesquels je devais bien souvent me mettre au courant du dossier, signatures journalières, comités interministériels nombreux, parfois trop ! mes journées de travail étaient longues. Entre deux rendez-vous, je passais la tête par la porte du secrétariat et c'était toujours un moment de détente appréciable de discuter amicalement avec mes trois secrétaires.

Décentralisation totale et confiance à l'équipe, tout en

sachant, bien sûr, trancher quand il le fallait et prendre mes risques : c'est le rôle de l'homme politique. Je fus aidé dans cette tâche par mes deux directeurs successifs, Michel Pebereau et Jacques-Henri David. Je ne dirai jamais assez la grande capacité de l'Administration à exécuter une politique, pourvu qu'elle soit claire. Je n'ai jamais souffert de la moindre résistance à mes convictions, et pourtant j'ai demandé à certaines directions des tâches très différentes de ce qu'elles faisaient avant.

Je dois dire aussi que je m'étais fixé pour règle absolue de ne politiser en aucun cas les rapports avec l'Administration que je dirigeais et que je me suis refusé à quelque forme que ce soit de « chasse aux sorcières ». Remplacer des techniciens objectifs par des amis zélés fait perdre tout esprit critique et peut conduire à bien des erreurs. Courtisanerie et vérité, favoritisme et compétence font rarement bon ménage.

La France, pays de vieille tradition industrielle, était portée depuis trente ans à remettre le destin de ses entreprises entre les mains de l'Administration. Il fallait lui donner des armes neuves pour affronter les défis économiques de la crise, ce qui nécessitait une transformation profonde de nos habitudes en la matière. Une décentralisation totale pouvait seule rendre à chaque agent économique la possibilité de décider et d'entreprendre.

En un mot, il fallait rendre aux chefs d'entreprises la responsabilité totale de leur gestion.

Le premier pas dans ce sens était la libération des prix industriels. Ceux-ci étaient bloqués depuis 1945 et leur révision annuelle donnait lieu à d'innombrables discussions entre les entreprises et l'Administration. Cette réglementation qui se justifiait lorsqu'elle fut mise en place, car elle évitait que certains ne profitent de la pénurie qui régnait alors, était devenue un obstacle au développement, sans pour autant freiner l'inflation. Fixer des prix autoritairement ne laissait pas la concurrence s'exercer et engendrait soit des situations de rentes injustifiées (lorsque les progrès de productivité permettaient d'abaisser les coûts), soit un affaiblissement progressif de certains secteurs dont les prix étaient maintenus artificiellement bas.

Cette mécanique était, en outre, difficile à contrôler en raison de l'évolution incessante des produits. Elle ne bénéficiait ni à l'industriel (le prix, élément décisif de la politique commerciale, était fixé à l'avance) ni au consommateur (sur lequel les gains de productivité n'étaient pas toujours répercutés car la concurrence était insuffisante).

Dans une période de forte hausse des coûts et des charges, elle avait eu en outre l'inconvénient de contribuer à la dégradation des résultats des entreprises, et donc d'être indirectement à l'origine de la baisse de leurs investissements.

Je m'étais fixé un délai de neuf mois, d'avril à décembre 1978, pour arriver à une libération complète, et j'entamai donc rapidement une concertation approfondie avec les milieux socio-professionnels.

Il me semblait essentiel de réussir vite cette concertation afin d'éviter un dérapage inflationniste qui aurait pu remettre en cause le principe même de la libération projetée.

A la fin de juin 1978, tous les prix industriels étaient libres et la hausse des prix restait inférieure à 10 % à fin décembre.

Ceci illustre *a contrario* l'inutilité d'un blocage des prix industriels pour juguler une inflation qui a d'autres causes structurelles. Améliorer les indices en bloquant les prix ne guérit pas plus une économie que le fait de casser un thermomètre lorsqu'on soigne un malade. Je pense au contraire que l'on déclenche des mécanismes « pervers » qui sont ensuite beaucoup plus difficiles à contrôler, car l'ajustement à la loi du marché et de la concurrence ne se fait plus par les prix (cet ajustement se fait en général par un changement de qualité ou de présentation du produit : à prix égal, qualité en baisse ; pour monter les prix : changement de présentation).

Dans cette réforme, que je considère comme fondamentale, j'ai souvent rencontré l'hostilité des organisations syndicales et de la plupart des associations de consommateurs, favorables aujourd'hui encore au blocage. Pourtant, l'inflation n'a pas été plus rapide après la libération des prix, et, en retrouvant ainsi une certaine souplesse de gestion, nos entreprises ont pu, en 1979, faire progresser de 27 % leurs exportations, ce qui a fait de nous le troisième exportateur mondial, devant le Japon. A l'inverse, la période récente montre, me semble-t-il, qu'insérées dans le carcan du blocage, les entreprises se rétractent et n'ont plus les moyens d'exporter ; ce qui, après avoir déséquilibré nos échanges commerciaux, affaiblit notre monnaie et avive l'inflation. J'aurais préféré que l'expérience des conséquences néfastes d'un blocage aveugle soit épargnée à des entreprises fragilisées. Il faudra, le moment venu, en tirer les enseignements.

La libération des prix industriels achevée, nous avons entrepris de libérer les prix des services et les marges des commerçants. Cette opération pouvait présenter plus de risques que la première car, au fil des années, on avait souvent refusé la vérité, en particulier pour les prix des services, ce qui ne permettait pas une rémunération normale des salariés qualifiés et nuisait en même temps à la formation professionnelle. Dois-je rappeler que le prix de la baguette de pain était contrôlé depuis près de trois cents ans et que même la Révolution française ne l'avait pas libéré ?

Dans ce domaine non plus, je ne crois pas qu'il y ait eu d'excès et je demeure persuadé qu'à terme, l'accoutumance à la liberté est la meilleure école de sagesse. Je refuse, en tout cas, de considérer les commerçants comme une catégorie professionnelle non adulte qui aurait en permanence, à l'image des enfants rétifs, besoin d'être encadrée et contrôlée par l'État. Je ne suis pas de ceux qui considèrent que la liberté se divise, et je crois que le plus sûr moyen d'en faire apprécier la valeur, c'est d'en laisser la jouissance à tous.

Le troisième volet de la politique de libération des prix a été la restauration de la vérité des coûts et des tarifs dans les entreprises et les services publics. Il n'est pas sain, en effet, que dans de grandes entreprises publiques en situation de monopole ou de quasi-monopole, puisse durablement se développer un déficit de gestion dû à une tarification qui ne respecte pas la vérité des coûts. Ce qui n'est pas facturé aux usagers doit en fin de compte être apporté par l'État, c'est-à-dire par les contribuables, et cette forme de redistribution, peu perceptible aux yeux du grand public, n'est pas incitative à une gestion rigoureuse.

Pour ne pas se transformer en gouffres et en monstres ingérables, les grandes entreprises nationales doivent à mon sens avoir la responsabilité de leurs prix et la maîtrise de leurs coûts. L'intervention de l'État doit se limiter à la compensation des sujétions particulières et temporaires qu'il impose. Dans le cas contraire, la responsabilité des déficits de gestion est toujours rejetée sur l'autorité de tutelle « qui n'a pas voulu accorder les hausses de tarifs nécessaires, et n'a pas autorisé la réalisation d'investissements de productivité ». Il ne s'agit pas dans mon esprit de privatiser les grands services publics, mais de les responsabiliser, en revenant par exemple à la politique des contrats pluriannuels.

La contrepartie de la libération des prix, et il s'est agi du second objectif prioritaire que je m'étais assigné, était le développement de la concurrence et l'émergence des consommateurs.

Si le rôle de l'Administration n'est pas d'être le gendarme

de la vie économique, il ne faut pas cependant que cette voie développe des pratiques qui soumettent le plus faible à la loi du plus fort, et laissent le citoyen sans voix devant la politique des entreprises.

La plupart des grands pays industrialisés, et en particulier les États-Unis d'Amérique, avaient déjà résolu ce problème en fixant à l'intervention de l'État des limites qui sont celles du respect de principes généraux (législation antitrusts) et en accroissant le poids d'associations de consommateurs, véritables contre-pouvoirs à la puissance des entreprises, beaucoup plus efficaces qu'une administration tâtillonne.

La France, en revanche, connaissait dans ce domaine un retard important, précisément parce que la pratique de trente ans de blocage des prix avait conduit à faire assumer par l'Administration le rôle de censure et de contrôle des consommateurs. Ralph Nader ne pouvait pas être français, ou alors il aurait été contrôleur des prix !

J'apportai donc tous mes soins à assurer le rétablissement de la concurrence là où celle-ci était limitée par des ententes ou des positions dominantes. La Direction des prix, transformée en Direction de la concurrence et de la consommation, a montré à cette occasion une remarquable capacité d'adaptation à ses nouvelles tâches. Tant pis pour ceux qui avaient prophétisé le maintien des pesanteurs bureaucratiques !

Je développai en même temps l'*existence* des consommateurs, car le bon usage de la liberté par les chefs d'entreprise exige en contrepartie la reconnaissance des droits de ceux qui consomment. Ceux-ci, mieux que quiconque, sont en mesure d'aider à promouvoir la qualité, la diversité des produits, l'innovation, et de dénoncer les situations de rente injustifiées ou les abus. J'ai donc favorisé leur représentation dans les organismes économiques et quadruplé en trois ans les crédits qui leur étaient consacrés.

Cela dit, il m'a fallu du temps pour établir avec ces organisations un climat de confiance et j'étais surpris lorsque mes interlocuteurs consommateurs me demandaient l'établissement de « conventions collectives de la consommation ». Ils montraient par là qu'ils n'avaient pas confiance en eux et qu'ils n'imaginaient leur action qu'à travers des réglementations de plus en plus sophistiquées, détruisant du même coup leur originalité et leur liberté.

J'organisai les premières « Assises européennes de la consommation » à Paris. Ce fut un événement. Les consommateurs eux-mêmes ont pu constater à cette occasion que la législation française était sans doute l'une des plus avancées, bien que dans d'autres pays européens les consommateurs fussent mieux organisés.

Je ne suis pas un naïf et je sais qu'il faudra beaucoup de temps pour que ceux-ci, chez nous, dépassent cette zone d'irresponsabilité où ils se situent et ne considèrent pas leurs relations avec les producteurs et les distributeurs comme un combat mais comme une coopération.

Le jour où ils y seront parvenus, la liberté de l'économie deviendra une réalité.

10.

Ouvrir la France au vent du large

L'économie est un tout. Agir sur un des leviers qui la commandent en négligeant les autres ne peut conduire qu'à la catastrophe. De fait, si l'on voulait créer les conditions d'une insertion favorable des entreprises françaises dans le jeu économique mondial, on ne pouvait se contenter de la libération des prix. Elle était une condition nécessaire mais non suffisante.

La crise, consécutive à trente ans de contrôle des prix, avait porté à un niveau de faiblesse sans précédent les fonds propres des entreprises, au moment précisément où, pour créer les conditions de la survie et du développement, il fallait investir.

Cette situation était d'autant plus paradoxale et préoccupante que le taux d'épargne des ménages français restait l'un des plus forts du monde, immédiatement derrière celui du Japon. Cette épargne, au lieu de se diriger vers les entreprises et la création de richesses productives, s'investissait dans l'immobilier et les valeurs refuges, ou restait pour une bonne part stérilisée dans des placements à court terme et sans risque (Caisse d'Epargne, bons du Trésor, bons de Caisse). L'intérêt que chacun y trouvait n'était qu'apparent. En effet, si l'État pouvait ainsi financer aisément le déficit budgétaire, la rémunération réelle de l'épargne financière des particuliers était faible ou négative et les entreprises, pour investir, n'avaient d'autre ressource que d'emprunter à des taux souvent trop élevés pour assurer la rentabilité de leurs projets.

Alors que, dans des pays comme les États-Unis et l'Allemagne, une grande partie de la richesse était fixée dans le capital des firmes, en France la capitalisation boursière représentait à peine plus de 5 % de la richesse nationale. Par contre, le marché obligataire, c'est-à-dire les emprunts contractés par l'économie ou par l'État, s'était considérablement développé pour devenir aujourd'hui quatre fois plus important en volume que les actions.

Il était nécessaire d'orienter l'épargne vers les fonds propres et les investissements productifs des entreprises. Nous avons donc pris, dans le cadre d'une politique générale de réduction des déficits budgétaires et de financement de ceux-ci par l'emprunt (et non par la création monétaire), plusieurs mesures incitatives d'importance.

La plus significative d'entre elles, entrée dans le vocabulaire courant sous le nom de « loi Monory », permettait aux Français de déduire l'acquisition d'un capital limité (5 000 francs + 1 000 francs par enfant à charge) de leurs revenus déclarés de l'année. Cette mesure fut votée sans difficulté par le Parlement, d'autant qu'au départ personne ne croyait vraiment à sa réussite, ce qui m'évita les réserves du ministère du Budget.

Elle a démontré, depuis, son efficacité puisqu'en trois ans, plus d'un million d'actionnaires nouveaux ont été attirés par la Bourse, dont les cours ont progressé de l'indice 56 (base 100 en 1961) en 1978 à 110 en 1980. Je dois dire à cet égard que les remarquables efforts déployés par la Chambre syndicale des agents de change et son syndic, M. Flornoy, ont été décisifs. C'est pour défendre cet acquis que j'ai créé il y a un an

Défense-épargne. C'est aussi pour faire partager à un maximum de nos concitoyens l'intérêt d'une économie forte pour maintenir la France au sommet.

Les États-Unis, le Canada, la Belgique et la Suède ont d'ailleurs par la suite adopté des dispositions tout à fait analogues et obtenu de fort bons résultats. J'ai appris avec amusement que la loi proposée en Belgique par le ministre de Clercq était communément appelée « loi Monory-de Clercq ».

Certains détracteurs m'ont fait remarquer qu'une déduction uniforme favorisait plus les gros revenus que les modestes, ou qu'il eût mieux valu faire porter l'avantage sur les seules augmentations de capital en Bourse. En réalité, il était essentiel de provoquer un choc psychologique et de profiter de cette loi pour améliorer la vision que les Français avaient de leurs entreprises. En dehors des avantages immédiats, une telle déduction fiscale avait celui d'associer plus de Françaises et de Français à la construction de l'avenir du pays. Alors qu'il n'existait en France, à la différence des États-Unis où vingt millions de ménages sont actionnaires, aucun véritable capitalisme populaire, nous avons, en trois ans, doublé le nombre des actionnaires.

Parallèlement à cet effort qui concernait avant tout les sociétés cotées en Bourse, j'ai pris des mesures en faveur des augmentations de capital des sociétés non cotées qui ont ainsi collecté vingt milliards de francs sur la seule année 1980, amélioré le fonctionnement des S.I.C.A.V., renforcé leur portefeuille d'actions françaises et encouragé l'action des clubs d'investissement.

J'ai depuis constaté avec satisfaction qu'abandonnant sur ce point au moins son credo idéologique, le gouvernement actuel a confirmé à la fois nos analyses et la nécessité d'orienter l'épargne des Français vers leurs entreprises. Il est seulement regrettable que d'autres aspects de la politique économique, et en particulier l'absence de maîtrise des grands équilibres et l'accroissement des déficits publics et sociaux, lui interdisent de mettre en pratique ses recommandations sur l'épargne, et le conduisent à orienter de plus en plus vers les emprunts d'État qui financent ces déficits.

Le troisième grand volet de notre politique de rétablissement de la compétitivité de l'économie a été l'effort mené en faveur de la reconversion des secteurs menacés par la crise. De nombreuses entreprises et la plupart des régions avaient été touchées par l'évolution des rapports de force dans le monde. Les produits peu élaborés trouvaient devant eux des concurrents redoutables. Partisan de la liberté des responsables d'entreprises, je n'excluais pas pour autant l'intervention de la puissance publique pour aider ces secteurs à se reconvertir. C'est donc dans une vision offensive que j'ai tenté de résoudre ces problèmes, souvent douloureux sur le plan humain.

Avec mes collaborateurs, nous avons mis en place deux structures d'intervention : le Fonds spécial d'adaptation industrielle (F.S.A.I.) et le Comité interministériel de développement industriel pour les secteurs en expansion (C.I.D.I.S.E.).

Dans le premier cas, il s'agissait d'aider des implantations nouvelles dans des régions comme le Nord ou la Lorraine, atteintes par la crise sidérurgique, en remplacement des installations périmées (prêts et subventions pouvaient atteindre 50 % des investissements, les procédures étaient très accélérées) ; dans le deuxième cas, nous apportions l'aide de l'État à des entreprises performantes dans des secteurs d'avenir, mais qui manquaient de fonds propres pour assurer leur expansion. Je crois que nous avons ainsi consolidé la situation de certaines entreprises et permis d'éviter la désagrégation totale du tissu industriel qui menaçait certaines régions.

Sur le plan intérieur, j'ai également exercé mes fonctions de tuteur de l'appareil financier pour amorcer la réforme de ses circuits. Le système financier français trop cloisonné, et faisant appel à une multiplicité de réglementations, ne me semblait plus correspondre aux exigences nouvelles. Je regrette de n'avoir pu, dans ce domaine, aller plus loin, faute de temps, mais à mon départ un premier pas avait été accompli avec la création du crédit d'équipement pour les P.M.E., issu de la fusion du Crédit hôtelier, de la Caisse des marchés de l'État et du groupe d'intérêt économique des P.M.E.

Dans le domaine international, mes responsabilités m'ont amené à participer à trois types d'actions :

— les négociations européennes et la mise en place du système monétaire européen ;

— le fonctionnement du Fonds monétaire international et l'aide financière apportée aux pays en voie de développement ;

— les sommets des pays industrialisés.

Si les réunions mensuelles, à Bruxelles, des ministres de l'Économie et des Finances de la Communauté étaient assez décevantes, parce que l'Europe semblait à bien des égards enlisée dans la bureaucratie, j'ai eu en revanche, pendant mes trois années de ministère, la grande satisfaction de participer à la mise en place du Système monétaire européen. L'idée de sa création était due conjointement au Président Giscard d'Estaing et au chancelier Schmidt, qui y voyaient, par un geste tout à la fois symbolique et d'une grande efficacité économique, le moyen de faire progresser la construction européenne. Présidant à l'époque le Conseil des ministres, puisque chaque pays le préside pendant six mois à tour de rôle, je parcourus toutes les capitales européennes, en compagnie du directeur du Trésor et du gouverneur de la Banque de France, pour tenter de convaincre nos partenaires de la nécessité d'une telle initiative. C'est à Washington que nous avons fini par obtenir leur accord définitif, lors d'une réunion du Fonds monétaire international. Avec la mise en place de ce système, nous avons mis fin à l'incertitude permanente qui pesait sur la valeur des monnaies et créé les conditions d'une dynamique durable des investissements industriels. Parce que les politiques économiques des principaux partenaires étaient convergentes et le différentiel d'inflation peu élevé, l'opération a été un succès, en particulier pour le franc (puis-je dire, avec l'humilité qui doit aujourd'hui caractériser les « responsables de l'héritage », que mon successeur ne partagera sans doute pas les mêmes souvenirs que moi dans le domaine monétaire, puisqu'à la fin de 1980 et au début de 1981 la Banque de France intervenait sur les marchés pour soutenir le mark allemand !).

Appelé à siéger au Fonds monétaire international (dont le directeur actuel est un Français, M. de Larosière), j'en ai toujours suivi les travaux avec le plus grand intérêt.

Les avis sont aujourd'hui partagés sur l'importance et l'utilité de ces organisations financières internationales. Je suis pour ma part de ceux qui pensent qu'elles sont irremplaçables, et la manière dont elles viennent récemment d'éviter une crise financière mondiale me renforce dans ma conviction.

Ces organismes servent de frein à l'isolationnisme et à l'épanchement des égoïsmes nationaux, et jouent à l'égard des pays pour lesquels la rigueur n'est pas un principe de gestion le rôle de gendarmes et de conseillers bienveillants. Il est cependant certain que s'ils ont ralenti l'accroissement du déséquilibre entre pays riches et pays pauvres, ils n'ont pu, faute de moyens, et sans doute de véritable consensus sur ce thème, y mettre un terme.

Soucieux de modifier cet état de fait et de donner une nouvelle impulsion à l'action des pays développés dans le cadre du F.M.I., j'ai en novembre 1980 été élu à la présidence du Comité intérimaire du Fonds (qui en est l'organe exécutif) grâce en particulier au soutien de nos amis allemands et des pays en voie de développement. Pendant les mois qui ont suivi et jusqu'en mai 1981, date à laquelle j'ai abandonné cette fonction, je me suis efforcé de souligner l'importance de l'effort qu'il fallait consentir en faveur des nations les plus défavorisées de la terre, leur offrant à elles aussi les conditions d'un développement acceptable, et évitant au niveau mondial la persistance de déséquilibres générateurs de tensions et parfois d'explosions.

Il me semble que la Communauté internationale n'échappera pas, dans les années qui viennent, à la nécessité de redéfinir ses rapports avec les nations pauvres, et je pense que la contribution de la France pourra et devra alors être décisive. Je crois en particulier que nous avons un rôle spécifique à jouer auprès de l'Afrique francophone, profondément attachée aux liens qui nous unissent et soucieuse de trouver auprès de nous assistance et conseil dans ses projets de développement. Je dois d'ailleurs dire que les réunions des ministres de la zone franc, auxquelles j'ai assisté, nous ont permis de faire des progrès significatifs, et que dans le domaine des investissements, la Caisse centrale de coopération, grâce à des crédits augmentés et au recyclage de capitaux arabes, a pu mener à bien de très belles opérations (en trois ans, les investissements bonifiés ont triplé dans les pays africains les plus pauvres).

Le dernier aspect de mon activité internationale a été la participation aux sommets qui se sont multipliés depuis quelques années. L'avantage de ces rencontres était de permettre, dans un temps réduit et avec un ordre du jour limité, de faire sensiblement progresser la résolution de certaines difficultés et d'arrêter, le cas échéant, des stratégies communes.

J'ai accompagné le président de la République à Bonn, Venise et Tokyo, réunions qui, pour avoir été moins fastueuses et ostentatoires que celle de Versailles, n'en ont pas moins été plus efficaces, puisque chacune d'entre elles a eu des effets concrets (en particulier sur les économies d'énergie à Tokyo). Je dois dire d'ailleurs que, représentée par un président de la République d'une exceptionnelle intelligence et unanimement respecté par ses pairs, la France parlait d'une voix forte et d'autant plus crédible qu'elle reposait sur une économie qui abordait dans de bonnes conditions les indispensables mutations. Il faut dire que la France était, en 1979 et 1980, le troisième exportateur mondial, dépassant le Japon pourtant deux fois plus peuplé, et que nous avions, après la Grande-Bretagne qui, elle, a du pétrole, le plus faible déficit de balance des paiements de toute la Communauté européenne.

Retourné aujourd'hui à l'exercice de mandats électifs, et déchargé de mes responsabilités ministérielles, je regarde sans nostalgie ce qu'ont été ces quatre années d'efforts.

Membre à part entière d'une équipe gouvernementale unie et cohérente, j'ai, dans la mesure de mes moyens, contribué à ouvrir la France aux réalités du nouvel environnement économique international.

Je ne crois pas que l'on puisse honnêtement prétendre que l'héritage que nous avons laissé à nos successeurs ait été désastreux. Il était celui d'une France en mutation qui se préparait, en renforçant la situation de ses entreprises et en favorisant le développement de technologies nouvelles, à relever le défi du troisième millénaire. Il va de soi que cette mutation, pour être moins violente que les conflits armés d'autrefois, ne pouvait cependant se faire sans douleur. Le chômage et les fermetures d'entreprises sont de véritables maux, mais ne sont pas les causes de la maladie de langueur qui guette les vieilles nations industrielles. Pour y remédier durablement, il ne faut pas se contenter d'en faire disparaître les symptômes il faut s'attaquer à la racine du mal.

Si donc nous voulons relever le défi et offrir à nos enfants le visage d'une France forte et dynamique, nous devons nous ouvrir au vent du large. C'est seulement en donnant à nos concitoyens l'esprit d'entreprise (qu'en termes guerriers on appelait autrefois l'esprit de conquête) et en leur faisant comprendre que l'effort doit être celui de tous, que nous réussirons.

La France n'a plus les moyens d'être un pays de rentiers qui recherchent en permanence la protection de l'État. Il y a aujourd'hui, pour reprendre les termes du président Kennedy, de nouvelles frontières à explorer.

Deuxième partie

QUEL AVENIR POUR LA FRANCE ?

Quelles que soient ses fonctions d'élu local, régional, ou de responsable national, le rôle de l'homme politique n'est pas de mener une course personnelle tendant à une illusoire conquête du pouvoir. La politique n'est pas non plus un troc : des promesses contre des votes, on en voit bien aujourd'hui les limites.

Bien au contraire, la fonction de l'homme politique est de proposer à ses concitoyens une analyse du monde dans lequel ils vivent, qui leur permette de mieux le comprendre, et de recueillir leur adhésion sur les évolutions économiques et sociales qu'il convient de favoriser. Ce rôle d'analyse et de synthèse, mais aussi de proposition, interdit d'être prisonnier d'une idéologie. Les idéologues proposent une analyse trop imparfaite, trop partisane ou trop réductrice pour répondre aux exigences d'un monde de plus en plus complexe et dans lequel les individus entendent de moins en moins sacrifier leur liberté à des dogmes.

Si ce rôle est exaltant, il est aussi extrêmement exigeant. Il faut porter une attention permanente aux changements politiques, économiques et techniques pour déceler ceux qui, à terme, auront une influence importante sur la vie de chacun de nous. Il faut expliquer et convaincre sans masquer les contraintes et les difficultés. Il faut savoir aller à l'encontre des intérêts catégoriels, quelle que soit leur capacité de résistance, dans l'intérêt de la Communauté nationale tout entière.

A cet égard, la période que nous vivons depuis une dizaine d'années, pour être moins spectaculaire que celles qui par le passé ont vu de grands bouleversements territoriaux ou d'âpres conflits, n'en est pas moins importante.

Autrefois, les rapports de force dans le monde se traduisaient par des modifications de territoire, la puissance politique imprimait ses marques à la géographie. Aujourd'hui, pour les nations les plus développées de la terre, les bouleversements ont changé de nature. Le temps des conquêtes géographiques est révolu, puisque le monde a exploré ses propres limites, mais aussi que l'évolution de celui-ci va prendre une dimension nouvelle.

La rapidité des communications, l'interpénétration croissante des économies et des cultures ont « mondialisé » toute politique et modifié la stratégie des grandes puissances qui répugnent à l'affrontement direct. Rien de ce qui se passe à Paris n'est indifférent à Tokyo, tout bouleversement à Moscou affectera Johannesburg.

Sur un échiquier plus grand et infiniment plus complexe que celui auquel était accoutumée la vieille Europe, les bouleversements ont pris d'autres formes. Ce n'est plus par une capacité de conquête géographique qu'un pays témoigne de sa vitalité, mais c'est par la conquête de parts de marché, par une avance technologique, par une croissance plus forte, par une élévation du niveau de vie de ses habitants, par une meilleure protection sociale, qu'une nation assure son développement.

Le jeu semble moins brutal, mais ce n'est, hélas ! qu'une apparence. Si les grandes puissances ne s'affrontent plus directement, les conflits armés qui subsistent sont bien souvent le fruit de leur stratégie indirecte. A terme, les résultats de la compétition économique auront en termes de civilisation les mêmes résultats que les conflits du passé. Certains pays émergeront, d'autres subiront un irréversible déclin.

Il est clair alors que, loin de se banaliser, le rôle de l'homme politique est effectivement plus complexe et plus exigeant. Il lui appartient de saisir des évolutions de plus en plus rapides et délicates à comprendre pour un non-initié. Jamais le progrès de la science n'a aussi vite bouleversé l'économie, jamais l'économie n'a aussi rapidement influé sur les évolutions politiques. En à peine trente ans, informatique et robotisation auront entraîné des bouleversements plus considérables que l'imprimerie et la machine à vapeur en plusieurs siècles.

Le temps des hâbleurs de préau d'école, prodigues de promesses et de bonnes paroles, est révolu, s'il a jamais existé. Dans nos démocraties modernes, où l'information facilite le développement de la connaissance et du jugement, l'inconséquence ne pardonne pas. Dans un monde difficile, si les Français veulent effectivement savoir où est le chemin, ils ne comprendront pas longtemps que l'on puisse leur en cacher les difficultés.

1.

La fin des années faciles

Une crise profonde et durable

Pour la première fois depuis plus de trente ans, le monde est plongé dans une crise économique durable, et qui n'épargne personne. A une période de prospérité sans équivalent, au moins pour les nations industrielles, succède une accumulation de difficultés auxquelles les théories économiques n'ont jusqu'à présent trouvé aucun remède satisfaisant : montée du chômage et de l'inflation, déficits publics et sociaux croissants, aggravation de la situation des pays les plus défavorisés, endettement massif...

L'impuissance de la théorie économique à y répondre de manière convaincante tient sans doute à deux facteurs :

— d'une part, l'interpénétration des économies et la rapidité de leur évolution sont trop grandes pour être réduites à des modèles simples ;

— d'autre part, l'analyse économique tient sa force de l'expérience accumulée, et les lois qu'elle peut établir ne sont que le plus petit commun multiple tiré de l'observation de périodes comparables. Or, les mutations profondes que nous connaissons aujourd'hui ne ressemblent en rien aux crises économiques des dernières décennies.

Ce que nous vivons n'est pas une crise passagère, mais un bouleversement complet des rapports de force dans le monde.

Il s'agit bien d'une troisième révolution industrielle à l'issue de laquelle des nations nouvelles émergeront, et des puissances anciennes déclineront. La hausse du prix du pétrole consécutive à la guerre du Kippour, qui constitue pour beaucoup la cause des difficultés que nous connaissons aujourd'hui, n'a pas été un événement « accidentel ». Les signes annonciateurs de la crise lui étaient antérieurs, et elle n'a constitué que le point d'orgue d'une évolution qui, pour avoir été jusqu'alors lente et peu perceptible, n'en était pas moins profonde.

Dès avant l'automne 1973, la plupart des économies occidentales donnaient des signes d'essoufflement. L'inflation allait de pair avec l'apparition de problèmes d'emploi, la croissance faiblissait, le volume des investissements et leur rentabilité connaissaient une progression moins rapide ou se rétractaient.

En réalité, la modification brutale des prix d'une matière première (dont le coût réel reculait en fait depuis vingt ans), n'a fait qu'accélérer le développement de ces phénomènes, mais ne les a pas créés. Peu préparés à voir s'interrompre brutalement une période de prospérité sans précédent (admirablement décrite en ce qui concerne la France par Fourastié dans *Les Trente Glorieuses*), et incomplètement conscients des bouleversements que portaient en germe les technologies de pointe (informatique, robotisation) et la nouvelle division internationale du travail, ni les gouvernements ni les opinions publiques des nations développées n'ont voulu croire au caractère durable de la crise.

Ce n'est qu'à partir de 1976-1977, lorsque l'échec des politiques de relance conjoncturelle ne pouvait plus être mis en doute, qu'une véritable prise de conscience s'est effectuée.

Le second choc pétrolier, survenu au moment où apparaissaient certains signes d'amélioration, est venu renforcer ce sentiment, et chacun pressent aujourd'hui que s'il faut attendre un « progrès » dans les années qui viennent, celui-ci ne pourra, comme par le passé, venir que de la croissance économique et se traduire en accumulation supplémentaire de richesses matérielles. Il se manifestera plutôt par la recherche d'une société plus humaine et plus ouverte.

Par ailleurs, au-delà des seuls problèmes de limite à la croissance qu'ils ont mis en lumière, les deux chocs pétroliers sont révélateurs de bouleversements politiques infiniment plus importants. Ils marquent la poursuite du mouvement de décolonisation amorcé dès 1945. A la conquête de l'indépendance politique par les anciennes colonies des grandes puissances européennes succède maintenant, pour l'ensemble des États jusqu'alors « moins développés », la conquête de l'indépendance économique. Le fait d'augmenter le prix des matières premières que l'on détient (et le pétrole n'a pas été seul en cause, il y eut par exemple les phosphates du Maroc) marque bien la volonté de devenir acteur à part entière du jeu économique mondial.

Bien qu'inégalement atteints par le renchérissement de leurs importations et la concurrence émergente des pays en voie de développement, tous les États membres de la Communauté ont été touchés. Loin de resserrer les rangs devant la montée des périls, ils n'ont pas su apporter une réponse commune, qui aurait pu être décisive, à leurs problèmes. Une fois de plus, hélas ! pour reprendre les mots célèbres de Paul Valéry, « les Européens ont mieux aimé jouer aux Armagnacs et aux Bourguignons que de prendre sur la terre le grand rôle que les Romains surent tenir pendant des siècles ».

Le temps est donc révolu où en puisant à bon compte dans les ressources naturelles d'États placés sous leur domination économique, les puissances industrielles pouvaient s'assurer une croissance forte. Pour douloureuse qu'elle soit, la fixation par leurs détenteurs des prix des matières premières marque un incontestable progrès sur la voie de l'assainissement des relations économiques internationales. Le meilleur respect des règles du marché qui en découle (les évolutions récentes montrent que la hausse, elle non plus, n'est pas sans limites) permet à chacun de valoriser au mieux les avantages relatifs qu'il détient.

Cette évolution constitue une épreuve de vérité pour les vieilles nations industrielles. Le coût de leurs ressources étant plus élevé, elles doivent pour le financer opérer une ponction plus forte sur leur richesse. Celle-ci ne sera supportable que dans la mesure où, ayant saisi l'importance de l'enjeu, elles sauront trouver dans une intégration rapide des innovations technologiques et une nouvelle organisation du travail, des réserves de productivité et de compétitivité.

Comment, compte tenu de ces éléments, la France a-t-elle vécu ces premières années de crise ?

La France au pied du mur

Notre pays qui était depuis quelques années, par l'ampleur de sa progression, devenu le Japon de l'Europe, a traversé les années 1973 à 1981 sans que le niveau de vie de ses habitants s'en ressente. Chaque année, le pouvoir d'achat moyen a augmenté, et si le chômage s'est fortement développé, c'est plus pour des raisons démographiques que parce que des emplois ont été « détruits » par la crise (de 1974 à 1981, il y a eu création nette de trois cent mille emplois). Cette distribution s'est malheureusement opérée au détriment de l'investissement. Les analyses publiées par le Centre d'étude des revenus et des coûts sont, à cet égard, très claires : la totalité du surplus de richesses produites de 1973 à 1979 a été distribuée aux ménages.

De 1974 à 1981, le pouvoir d'achat moyen a progressé de 22 % en France contre 15 % en République fédérale d'Allemagne et à peine 10 % aux États-Unis et en Grande-Bretagne.

Par ailleurs, la part des prélèvements obligatoires (impôts, taxes, cotisations) s'est élevée de 36 à 42 % de la richesse intérieure, ce qui traduit à la fois un accroissement des charges des entreprises et une ponction plus forte opérée sur les secteurs productifs de l'économie et leurs salariés.

C'est pour maîtriser cette évolution et dans le but de permettre à la France d'accroître une compétitivité internationale qui, seule, lui permettra de maintenir son rang de grande puissance, que sous l'autorité de M. Giscard d'Estaing, les gouvernements successifs de M. Raymond Barre ont mené une politique de restauration des équilibres fondamentaux de l'économie et des entreprises : maîtrise des équilibres extérieurs, budgétaires et sociaux, liberté rendue aux entreprises dans la fixation de leurs prix, et incitations à investir.

Les premiers résultats de cette politique amorcée en 1976 commençaient à porter leurs fruits lorsqu'est survenu le second choc pétrolier qui exigeait à son tour des efforts nouveaux, retardant ainsi le rétablissement des équilibres. Je pense qu'alors les Français ont compris l'importance des deux secousses qu'ils venaient de subir, mais qu'ils n'en ont pas exactement apprécié l'ampleur, parce que leur pouvoir d'achat continuait de progresser, et que certains mécanismes correcteurs (en particulier l'indemnisation du chômage), plus perfectionnés que lors des crises précédentes, avaient été mis en place.

Ecoutant avec quelque incrédulité les discours de rigueur

d'un gouvernement auquel ils reprochaient de n'avoir pas su ou pu prévoir le second choc pétrolier, ils ont opté pour un changement dans lequel ils espéraient en réalité trouver la prolongation d'un « âge d'or » qu'aucun des responsables encore au pouvoir n'osait plus garantir. Après dix-huit mois d'expérience, chacun est conscient de ce que la France se trouve à un tournant de son histoire, et les méthodes nouvelles apparues avec le « changement » ne lui ont pas été, semble-t-il, d'un grand secours.

La France est aujourd'hui au pied du mur et sa place dans le monde du troisième millénaire dépendra des décisions que prendra notre génération.

Il dépend de nous qu'après avoir été le symbole d'une forme de civilisation libre et tolérante, nous soyons demain relégués au rang de « puissance régionale ». Ce risque n'est pas illusoire. Pour s'en convaincre, il suffit de regarder l'histoire de l'un quelconque des quatre continents.

Dans chacun d'eux, une ou plusieurs nations ont décliné ou disparu pour n'avoir pas su comprendre la portée de certaines évolutions alors qu'elles avaient, jusqu'alors, connu un rayonnement et une influence qui dépassaient largement les limites de leur propre territoire.

2.

La nouvelle donne

Le monde de 1983 ne ressemble plus guère à celui de 1960, ni même à celui de 1970. S'il reste pour l'essentiel divisé en deux camps, l'affrontement de ceux-ci est devenu complexe et suscite des réactions différentes.

La période de la guerre froide se caractérisait par une opposition frontale, directement menaçante pour l' « autre », et l'Union soviétique, tout entière occupée à la reconstruction de son économie, n'avait pas de véritable stratégie hors des limites géographiques de son glacis européen. La décolonisation était trop proche et le mouvement des non-alignés trop faible pour qu'un véritable dialogue avec les nations moins développées puisse s'établir. L'Europe, tirant à la fois le bénéfice de l'expansion consécutive au second conflit mondial et celui de la réalisation progressive de son unité douanière et commerciale, connaissait une expansion régulière et apparemment sans limite.

Peu à peu, le visage du globe s'est transformé. Les grandes puissances ont développé une stratégie d'affrontement indirect dont aucune région du monde n'est tenue à l'écart. Les nations industrielles, pour soutenir leur croissance, sont allées chercher de nouveaux marchés dans certaines régions peuplées du globe, et quelques pays ont commencé à s'équiper et à concurrencer à leur tour les productions les moins élaborées. La volonté de trouver dans leurs matières premières les ressources financières nécessaires à leur développement a conduit les États qui en possédaient à en multiplier le prix, en particulier dans le cas du pétrole. Opérant ainsi une ponction importante sur la richesse des États consommateurs, ils ont alors ralenti la croissance des pays industriels et aggravé la situation des nations les plus démunies.

Aujourd'hui, la répartition des cartes est sans doute plus équilibrée, puisque les avantages relatifs sont mieux répartis. Cette « nouvelle donne » est en revanche moins favorable aux pays industriels dénués de matières premières, comme la France qu'elle place devant le risque d'un irréversible déclin si les défis qu'elle lance ne sont pas relevés.

Le monde : les termes du défi

Si jusqu'en 1973, pour décrire la situation économique du monde, les experts pouvaient schématiquement affirmer que 20 % de la population accaparait 80 % des richesses alors que les 80 % restant, appartenant aux pays moins développés, devaient se contenter de 20 % de celles-ci, il n'en va plus exactement de même aujourd'hui, et une classification plus nuancée peut être faite.

Le supplément de richesse réelle chaque année sur le globe se partage différemment. La croissance globale est un peu inférieure à ce qu'elle était avant 1973, et celle des pays industrialisés a sensiblement diminué au profit de celle des pays dotés de ressources naturelles. Toute tentative de classification doit tenir compte de ce phénomène et aboutir à distinguer quatre grandes catégories :

Les pays développés

La première est celle des pays qui jusqu'en 1973 concentraient en leurs mains la richesse, la croissance et la technologie. Ils ont tous un passé industriel qui leur permet de disposer d'une main-d'œuvre dont le niveau de formation est en général élevé, et possèdent dans de nombreux domaines une avance économique et technologique importante. Leur situation est cependant contrastée. Ceux qui sont dotés de matières premières abondantes (Etats-Unis) sont relativement protégés et n'ont pas, pour payer leur facture énergétique, à subir la même hémorragie de richesses que d'autres (France, Japon). Si tous sont menacés par les produits que fabriquent certaines nations disposant de faibles coûts salariaux, ils le sont à des degrés divers, car leur structure industrielle n'est pas identique. Certains ont encore une main-d'œuvre assez nombreuse employée à la fabrication de produits à faible valeur ajoutée (en particulier la France), d'autres sont plus largement tournés vers des produits plus sophistiqués (Japon, R.F.A.).

La structure de leurs échanges présente des différences importantes. Pour les Etats-Unis, le commerce extérieur constitue une part encore assez faible du total des activités, et le soutien d'une monnaie dominante n'en fait pas une contrainte. Les pays européens et le Japon, en revanche, n'ont guère d'autres moyens de financer leur facture pétrolière. Pour eux, la crise s'est donc traduite par un accroissement de la concurrence à laquelle ils se livrent non seulement sur les marchés des États pétroliers ou du tiers monde, mais surtout sur leurs propres territoires.

Les pays dont le développement est en marche

La seconde catégorie est constituée de ce que l'on pourrait qualifier de nations « émergentes » :

Il s'agit soit des États dotés de matières premières (pétrole en particulier) qui leur assurent une rente qui finance leur développement, soit de certains pays qui, disposant d'une main-d'œuvre abondante, utilisent celle-ci à la production, à des coûts défiant toute concurrence, de produits jusqu'alors fabriqués dans les pays les plus développés.

Les premiers sont dotés d'une richesse financière (en voie de stabilisation, il est vrai, puisque la consommation pétrolière stagne) et d'un pouvoir de pression qu'ils peuvent exercer à l'égard des pays dépendants d'eux pour leur approvisionnement.

Les seconds, en faisant jouer l'avantage relatif que constitue le coût de la main-d'œuvre, peuvent contribuer à la destruction de larges franges du tissu industriel européen.

Leur domaine s'est longtemps cantonné dans les secteurs où l'intensité capitalistique était relativement faible et la technologie peu évoluée (textiles). Ils sont aujourd'hui présents sur d'autres créneaux, dans des productions exigeant un investissement très capitalistique (acier), parce qu'ils ont trouvé sur le marché international les capitaux nécessaires au financement de leurs projets. Certains d'entre eux sont dotés de ressources énergétiques autres que pétrolières (hydraulique au Brésil, par exemple) dont la mise en valeur leur permettra inéluctablement d'attirer à eux les productions de base à fort contenu en énergie (comme l'aluminium).

Lorsque pour se défendre et éviter la disparition de certains secteurs qu'ils menacent, les nations européennes prennent à leur encontre des mesures protectionnistes, elles éveillent chez eux des réactions analogues à celles que peuvent avoir les Européens envers le protectionnisme américain.

Par leur taux de croissance, ces pays ont échappé au sous-développement et constituent sans conteste des partenaires redoutables pour l'avenir, d'autant plus qu'ils bénéficient encore d'une croissance démographique forte qui soutiendra l'expansion de leurs marchés. L'Indonésie, la Corée, le Mexique, le Brésil, malgré, pour certains, leurs problèmes financiers actuels, sont en train de déplacer insensiblement le centre de gravité du monde.

Les pays les plus pauvres

Le troisième ensemble de cette classification sommaire est celui des pays pauvres dont la crise a aggravé la situation relative parce qu'ils sont démunis des ressources naturelles, et parfois humaines, indispensables. Pour certains, le revenu par habitant stagne ou recule depuis dix ans, et le déficit alimentaire s'est aggravé. Ils sont parfois totalement enclavés et ne disposent ni de façade maritime ni de réseaux de transport. L'aide que leur consacrent les pays développés atteint à peine 0,40 % du P.N.B. de ceux-ci, et ne sert le plus souvent qu'à tenter d'améliorer des situations financières inextricables.

Ce milliard d'hommes qui disposent de moins de deux mille francs de revenu annuel représente un quart de la population du globe et constitue l'immense population des exclus de la croissance. L'équilibre du monde ne tolérera plus longtemps que leur situation s'aggrave. Les écarts considérables qui existent dans les nations auxquelles ils appartiennent, entre une infime minorité de privilégiés et la majorité de la population aussi bien que la fragilité des structures sociales, sont sources de tensions et peuvent un jour conduire à des explosions, surtout si leur territoire continue à être un des lieux privilégiés d'affrontement indirect des grandes puissances.

Les pays de l'Est

A ces trois premiers ensembles il faut enfin ajouter le groupe des pays de l'Est. Peu intégrés dans les échanges mondiaux, ils n'ont pas trouvé de solution satisfaisante à leurs problèmes dans un développement autarcique. Ils sont aujourd'hui presque aussi fortement endettés que certains pays en voie de développement et dépendent pour une bonne part de leurs investissements de base dans la technologie occidentale. Leur faiblesse n'est cependant qu'apparente puisqu'en leur accordant d'importants crédits et en dépendant d'eux pour une part significative de leurs activités, de leur approvisionnement, les banques et les firmes occidentales se sont aussi lié les mains.

La force essentielle de ce bloc, c'est aujourd'hui d'avoir mis son gigantesque complexe militaro-industriel au service de ses visées politiques. Plus que jamais l'Union soviétique a une stratégie de grande puissance impérialiste et pratique, sous couvert d'une assistance aux mouvements de libération et aux États frères, une politique qui ne diffère guère de celle des anciennes puissances coloniales. Cette stratégie essentiellement militaire montre cependant ses limites, car dans aucun État en voie de développement, elle n'a pu apporter de solution aux problèmes économiques, et certains pays d'Afrique réputés « socialistes » ont aujourd'hui une attitude plus réservée à l'égard du bloc de l'Est et plus ouverte envers les nations occidentales.

L'évolution parallèle des technologies

Outre la modification de la situation relative des différents pays qu'elle a entraînée, la crise s'est accompagnée de mutations technologiques fondamentales. C'est de la vitesse d'assimilation de celles-ci que dépendra la place que les nations tiendront demain sur l'échiquier du monde.

La crise énergétique a conduit au développement d'énergies nouvelles susceptibles de remplacer le pétrole à un moindre coût. Si l'énergie solaire ne paraît pas susceptible d'apporter à court terme de solution significative, l'énergie nucléaire en revanche offre d'immenses possibilités. Son utilisation peut maintenir ou accroître la compétitivité d'industries qui sans elle pourraient être amenées à disparaître du territoire européen. Renouvelable, grâce au développement des surrégénérateurs, elle permet de supprimer en grande partie la dépendance à l'égard de l'extérieur. Elle peut être une solution non seulement aux difficultés des nations européennes, mais aussi un jour à celles des pays sous-développés et dénués de ressources énergétiques.

L'informatique a, dans la plupart des branches industrielles, bouleversé la production et l'organisation du travail. Depuis la découverte de l'électricité, il n'y avait sans doute pas eu de « saut » technologique équivalent. La robotisation qu'elle entraîne modifie fondamentalement les conditions de concurrence. A l'avenir, l'utilisation de main-d'œuvre dans la fabrication de produits peu élaborés n'aura de sens que si son prix reste extrêmement bas. Dans le cas contraire, la substitution de la machine à l'homme est inéluctable. Loin de vouloir s'y opposer et de ressusciter le vieux débat « l'homme contre la machine », il faudra au contraire axer tous ses efforts vers l'utilisation de la main-d'œuvre à la conception et à la production des machines. Ne pas le faire aboutirait, après avoir été victime de la dépendance énergétique, à subir la dépendance technologique.

Le monde qui émerge ressemble donc peu à celui que nous voyons disparaître. Il est plus instable, plus concurrentiel ; il ne respecte guère les situations acquises. Les cartes sont réparties différemment puisque les vieilles puissances européennes ont moins d'atouts. Si elles veulent survivre, elles doivent se garder des combats défensifs d'arrière-garde, et puiser au fond d'elles-mêmes des ressources nouvelles qui leur permettent d'affronter avec succès une situation nouvelle.

Parmi elles, la France semble aujourd'hui l'une des plus vulnérables aux risques du déclin. Cependant c'est aussi elle qui, si le défi est relevé, peut en tirer le meilleur parti.

La France : les risques du déclin

A la différence de l'Allemagne qui dispose de ressources charbonnières importantes, la France est relativement dénuée de matières premières énergétiques. Le coût d'extraction de son charbon est élevé, ses ressources hydroélectriques limitées. Elle a donc subi de plein fouet le relèvement du prix des produits pétroliers. Jusqu'en 1973, les produits de base qu'elle importait et dont elle ne pouvait se passer représentaient vingt-cinq milliards de francs, soit 2 % de la richesse nationale. En 1982, les mêmes produits pourtant importés en moins grande quantité (quatre-vingt-dix millions de tonnes de pétrole contre cent trente en 1973) représentent deux cent quatre-vingts milliards de francs et 7 % du produit national. Leur poids dans les échanges a donc été multiplié par dix (malgré une contraction en volume), alors que le produit national triplait « seulement » en francs courants.

Le prélèvement sur notre richesse nationale, qu'il a été

nécessaire d'opérer pour supporter le prix de ces importations, explique en partie la chute de la croissance qui, depuis 1973, n'est en moyenne que de 2,5 % par an, contre 5 % auparavant.

La seconde faiblesse de la France, c'est la situation de son industrie, et par voie de conséquence, la structure de ses échanges. Parmi les pays industrialisés, la France est sans doute l'un des plus vulnérables aux productions venues des zones géographiques à très faible coût de main-d'œuvre. De nombreux secteurs de notre industrie, qui depuis le début du siècle avaient trouvé dans l'empire colonial des débouchés faciles et avaient pu rester compétitifs sur le plan intérieur, n'ont pas su se reconvertir après la décolonisation (c'est en particulier le cas du textile). Ils font appel à une main-d'œuvre peu qualifiée, leur outil industriel est en général ancien, et ils sont aujourd'hui presque inéluctablement condamnés, parce que leurs marchés à l'intérieur des frontières comme à l'exportation sont peu à peu occupés par les produits fabriqués dans les pays à faible coût de main-d'œuvre.

A l'inverse, notre industrie, qui dispose d'une main-d'œuvre en moyenne moins qualifiée que celle de l'Allemagne par exemple, est peu présente sur les créneaux faisant appel à une technologie très poussée et créant une forte valeur ajoutée. Les exceptions du téléphone, du nucléaire, de l'armement, sont des atouts dûs à des programmes financés par l'Etat, qui ne peuvent dissimuler nos faiblesses, par exemple dans l'électronique ou la machine-outil.

Par ailleurs, la situation financière des entreprises, affaiblie par le blocage des prix et le ralentissement économique, auxquels il faut ajouter le désintérêt de l'épargne pour les risques industriels, ne leur a pas toujours permis de réaliser les investissements de productivité et de compétitivité qu'aurait exigés la situation nouvelle.

Le caractère paradoxal et périlleux de notre situation est illustré par nos échanges commerciaux. Nous sommes excédentaires vis-à-vis des pays en voie de développement auxquels nous vendons des produits assez peu élaborés (qu'eux ou d'autres fabriquent ou fabriqueront bientôt). Nous sommes déficitaires à l'égard de presque toutes les nations développées qui nous vendent des machines ou des produits à forte valeur ajoutée.

Les risques du déclin sont donc importants. Malgré les progrès fantastiques qu'elle a réalisés depuis 1945, la France est sans doute aujourd'hui l'un des pays (avec la Grande-Bretagne) qui aura le plus à faire pour assurer son avenir. Comme en Grande-Bretagne en effet, les liens privilégiés entretenus avec l'empire colonial ont retardé l'adaptation aux nouvelles conditions de l'environnement mondial, parce que les anciennes colonies sont longtemps demeurées des marchés protégés. Aujourd'hui, la France seule, démunie de ressources naturelles significatives, doit se battre sur deux fronts : pour résister à la concurrence des pays en voie de développement et pour ne pas reculer face aux autres pays industriels.

Pour faire face, elle a cependant des atouts qui sont loin d'être négligeables :

— sa richesse essentielle, c'est sans aucun doute le nombre et la valeur de ses hommes. Notre population est plus jeune que celle de la plupart de nos voisins, et si nous savons lui assurer une formation adéquate, elle saura, parce qu'elle a une tradition industrielle, s'adapter aux nouvelles technologies et valoriser son avantage qualitatif vis-à-vis du reste du monde ;

— notre dépendance énergétique est en voie de réduction grâce à un programme nucléaire unique au monde. Celui-ci nous permettra non seulement de réduire le déficit de nos échanges, mais aussi de retenir ou d'attirer des industries pour lesquelles le coût de l'énergie est un élément décisif ;

— les efforts que nous avons menés dans le domaine de la télématique nous permettent également d'espérer à terme un renforcement sensible de notre compétitivité. Grâce à la facilité des transmissions qui en résulte, l'étendue de notre territoire, qui pouvait constituer un handicap pour certaines fabrications, deviendra au contraire un atout ;

— enfin, il est vital que nous laissions à nos entreprises les moyens d'investir et de se développer. Conscient de la relative faiblesse du tissu industriel, je m'étais, lorsque j'étais ministre, essentiellement attaché à cet objectif. Seules les entreprises prospères ont le goût et les moyens de relever les défis. On ne peut l'espérer de firmes accablées par les charges et transformées en laboratoires sociaux.

La France vit donc un moment décisif de son histoire. Après avoir pendant plusieurs siècles naturellement occupé le devant de la scène mondiale, elle voit aujourd'hui sa place et son rôle remis en cause. Le monde a changé, des forces nouvelles et des peuples jeunes se sont libérés et veulent à leur tour accéder à la richesse et accroître leur influence. Des mouvements contradictoires nous traversent pour nous attirer sur la pente lente et irréversible du déclin, ou, au contraire, pour nous suggérer qu'un peuple n'est véritablement libre et heureux qu'en relevant les défis qui s'offrent à lui. Qu'adviendra-t-il ? Si nous choisissons d'être un peuple fatigué et de vivre dans le souvenir de notre histoire, notre rayonnement faiblira inéluctablement comme un feu qui s'éteint, faute d'être alimenté.

3.

Les clefs du succès

La réponse aux défis que nous lance le monde à l'aube du XXIe siècle ne pourra pas venir des doctrines politiques et économiques nées du XIXe. Ce sont des doctrines et, comme telles, prisonnières d'une analyse idéologique et parfois manichéenne du monde. Les analyses qu'elles proposent plongent leurs racines dans un univers qui n'a plus que de lointains rapports avec le nôtre.

Ni le socialisme, ni le libéralisme, entendus dans leur définition littérale, ne sont en mesure de nous aider à maîtriser nos problèmes et à trouver les voies du succès. L'application rigoureuse de leurs principes ne produit pas, nous le constatons autour de nous, les effets bénéfiques qu'en escomptent leurs adeptes. Socialisme ne signifie pas forcément social, la lutte des classes ne mobilise pas une société de classes moyennes, l'égalitarisme ne suffit pas à ranimer la croissance, le démantèlement des systèmes sociaux n'est une victoire ni de la justice ni de la liberté, le marché n'est pas aussi pur et parfait que le dit la théorie.

Les opinions publiques ressentent d'ailleurs confusément cette inadaptation des modes de pensée anciens à la situation présente, puisque partout, quel qu'ait été leur engagement, socialiste ou libéral, les équipes au pouvoir au début de la crise ont été rejetées, et que celles qui les ont remplacées, passé l'euphorie des premiers jours, s'érodent et s'affaiblissent à grande allure.

La véritable réponse, c'est-à-dire celle qu'attendent nos concitoyens et celle qui répondra aux exigences nouvelles, ne pourra se faire jour que si nous savons nous délivrer de schémas de pensée périmés, et susciter dans le pays un véritable renouveau du dialogue intellectuel, économique et politique. Déjà d'ailleurs, la multiplication des clubs, des associations à laquelle nous assistons depuis un an, montre que ce mouvement est engagé.

Il serait cependant illusoire de croire que quelques mois de réflexion suffisent à modifier la nature et le contenu du débat politique et social. La maturation sera plus longue. Il est pourtant essentiel qu'elle se produise. C'est pour y contribuer, et non parce que je prétends détenir les clés de tel ou tel savoir, ou le privilège de l'expérience, que je souhaite ici dire aujourd'hui ce que sont mes sentiments d'homme et de responsable politique.

De la réflexion que l'on peut aujourd'hui mener sur la société française et sur les voies de son évolution, quatre grands thèmes doivent, me semble-t-il, être dégagés. Ils ne sont pas indépendants, et de la réponse que nous apporterons à chacun d'entre eux dépendra la place que nous prendrons dans le monde de demain. Dans les décennies qui viennent, où nos enfants accéderont aux responsabilités, pour rester une terre de liberté, de justice et de progrès, la France devra, nous devrons :

— concevoir de nouveaux rapports entre les citoyens et l'Etat ;

— disposer d'une économie forte et d'hommes préparés ;

— mettre en œuvre une nouvelle « responsabilité sociale » ;

— trouver le chemin d'un renouveau européen.

Des rapports nouveaux entre les citoyens et l'État

La France est riche de la diversité de son territoire et de sa population mais, pour forger son unité, il a fallu qu'elle se dote d'un Etat centralisateur. La construction de l'unité nationale s'est faite sur les dépouilles des grands féodaux et contre les particularismes régionaux. Au début de ce siècle encore, les instituteurs de la République interdisaient aux enfants de la Bretagne ou du Pays basque d'utiliser leur langue originelle, tant était forte la volonté de cimenter cette unité, et grande la crainte de voir telle ou telle velléité d'indépendance ou de particularisme subsister.

De tous les grands États européens, la France est celui dont la structure administrative politique et économique est la plus centralisée et qui a, jusqu'à une date récente, laissé le moins d'initiative aux responsables locaux ou régionaux. L'Italie et l'Allemagne ont réalisé leur unité au siècle dernier et il subsiste dans leur organisation des marques très profondes laissées par les anciennes structures (les régions allemandes sont maîtresses de leur système éducatif, de leur police, par exemple). Le Royaume-Uni associe des États qui, avec leur nom, ont aussi voulu conserver une autonomie symbolique.

Cette centralisation du système français a consacré la prééminence de Paris et créé une inégalité de richesses et de pouvoir entre la capitale et la province que la politique d'aménagement du territoire menée depuis un quart de siècle n'a pas modifiée en profondeur, tant les pesanteurs sont grandes. Elle s'est accompagnée d'un renforcement progressif mais spectaculaire du rôle de l'Etat dans l'organisation de la société.

Longtemps, pratiquement jusqu'à Napoléon, le rôle de celui-ci s'est réduit aux fonctions essentielles et classiques de défense du territoire, de maintien de l'ordre, de conduite de la politique étrangère. Les impôts qu'il collectait, lourds pour certaines catégories, parce qu'inégalement répartis, n'en demeuraient pas moins limités au regard des ressources du pays, du moins hors des périodes de crise ou de guerre. Peu à peu ses fonctions ont évolué et son poids dans la vie des citoyens s'est accru. Le début de ce siècle a vu la fin de l'alliance privilégiée de l'Eglise et de l'Etat, dernier vestige de l'Ancien Régime, mais surtout l'apparition de l'interventionnisme économique et le commencement de mise en place des systèmes de protection sociale.

L'accroissement du rôle économique de l'Etat avait été facilité par l'extension de l'empire colonial, avec lequel il fallait organiser des relations commerciales, et surtout par la relative faiblesse des entrepreneurs français. Dès que les échanges avec nos voisins européens se sont développés, les industriels français qui se jugeaient trop faibles pour réussir seuls ont attendu de l'Etat des protections douanières ou une aide à leur développement. Très rapidement, en particulier du fait de l'effort de guerre de 1914 à 1918, le dirigisme économique s'est accentué et les prélèvements de l'Etat sur le secteur productif se sont faits plus lourds (il fallait emprunter pour payer le matériel de guerre).

L'intervention économique de l'Etat s'est ensuite trouvée justifiée par les idées politiques qui voulaient voir celui-ci s'approprier les moyens de production essentiels à la nation.

Les nationalisations, de 1936 et de 1945, procédaient de ce principe. L'Etat n'était plus seulement le protecteur du territoire ; il assurait aussi, au nom des citoyens, la gestion des deniers publics ou des monopoles essentiels à la vie du pays, qu'une certaine conception de la liberté interdisait de confier à des intérêts privés.

La fonction sociale, quant à elle, s'est traduite par la mise en place progressive de la Sécurité sociale, conçue à l'origine comme une assurance collective contre le risque de maladie ou d'accident, et par le développement de l'équipement médical et hospitalier public.

A priori, l'extension de la sphère de compétence étatique ne semblait présenter aucun risque pour la liberté des citoyens, au contraire. Dans une démocratie avancée et prospère, il était logique que l'Etat, garant de la paix civile et de la sécurité des citoyens, puisse aussi, en maîtrisant les services publics nés du progrès (santé, enseignement, transports, énergie), assurer les conditions nécessaires à l'exercice de leur activité.

Peu à peu cependant, l'Etat est sorti de ce qui n'était qu'une apparente « neutralité » pour intervenir avec plus de force dans le fonctionnement de l'économie. L'impôt qui, à l'origine, n'était que le moyen de financer les dépenses nées de l'exercice des fonctions essentielles, est devenu un instrument de politique économique et sociale. Les prélèvements ont été modulés pour assurer une certaine redistribution et ne pas peser trop sur les plus défavorisés. Les cotisations sociales ont suivi la même évolution, et les prestations qu'elles permettaient d'offrir se sont considérablement accrues, réduisant ainsi sensiblement le risque de l'homme face à la maladie ou à la vieillesse.

Cette évolution a été d'autant plus facile et bien acceptée qu'elle coïncidait avec une période de très forte croissance de la richesse qui permettait d'opérer une nécessaire redistribution vers les plus défavorisés, sans pour autant décourager les plus dynamiques.

La crise est venue modifier cet état de choses. Il n'y a

aujourd'hui qu'un très faible surplus à distribuer, et les prélèvements sociaux et fiscaux ont atteint un niveau que chacun s'accorde à reconnaître comme une limite extrême dans une économie de liberté. Le véritable problème qui se posait en 1981 était donc de savoir si le pays avait toujours les moyens de pratiquer une politique de redistribution sur le même rythme que par le passé, et encore la force de supporter le poids d'un Etat toujours plus lourd.

A l'évidence, le choix qui a été fait me semble mauvais. Le renforcement des structures du pouvoir a été préféré au développement de la liberté des citoyens. Les nationalisations qui ont été faites n'ont pas les mêmes justifications que les précédentes. Il n'y avait ni monopole ni service public dans les sociétés concernées. La politique fiscale et le renforcement des charges des entreprises conçus pour accélérer la redistribution dans une perspective égalitariste ont découragé l'initiative et l'effort. La décentralisation n'a été qu'un leurre car elle n'a donné jusqu'à présent aucun moyen financier nouveau aux collectivités concernées. Nous nous trouvons donc aujourd'hui devant un véritable choix de société. Faut-il se résoudre à abandonner peu à peu la conduite d'un nombre croissant de secteurs à un appareil d'Etat, devenu sans équivalent dans le monde libre ?

Ma conviction intime est que non. Le rôle de l'Etat est de garantir à l'individu un cadre juridique, économique et social dans lequel il puisse pleinement jouir de ses libertés. Ce n'est me semble-t-il en aucun cas de se substituer à l'initiative privée pour vendre des téléviseurs ou fabriquer de l'acier, pour distribuer du crédit, pour décider de ce qui est une bonne ou une mauvaise culture, une information objective. Le risque d'un appareil d'Etat trop puissant, c'est la dictature des bureaucrates et la disparition de la liberté. En outre, paradoxalement, l'Etat tout-puissant n'est guère efficace. Il n'est pour le constater qu'à regarder du côté de l'est.

L'autorité de l'Etat est d'autant mieux respectée qu'elle se disperse moins.

Il nous appartiendra donc, dans les années qui viennent, de redéfinir les rapports de l'Etat et des citoyens. Il faudra laisser à celui-là la définition des grandes orientations, et rendre à ceux-ci la liberté et l'initiative qui sont les conditions du succès.

Le maintien d'un secteur nationalisé non concerné par la définition qu'en donne la Constitution ne se justifiera pas.

Les prélèvements opérés par la machine étatique pour son fonctionnement devront être réduits parce qu'ils appauvrissent les couches dynamiques de l'économie. L'organisation du secteur social devra être reconsidérée sans démanteler le système actuel, comme le voudrait le libéralisme pur ; il faudra l'adapter à la situation nouvelle, et en particulier restituer leur sens aux termes d'assurances et de responsabilité.

Sans détruire le service public de l'enseignement, il faudra l'ouvrir sur les réalités d'un monde qu'il lui arrive d'ignorer.

En d'autres termes, il faudra mettre fin à l'un des derniers mythes qui aient survécu à la crise : celui de l'Etat-Providence dont l'efficacité s'accroît avec le pouvoir.

Que l'on ne s'y trompe pas, cependant. Il ne s'agit pas non plus de remplacer une société étatisée par une société qui serait une jungle pour les plus faibles. Il faut, au contraire, et c'est là la difficulté, échapper au dilemne : « Si l'Etat est fort il nous écrase, s'il est faible, nous périssons. »

Une économie forte et des hommes préparés

Autrefois, lorsque la puissance des nations se mesurait à

leur capacité de défendre et d'accroître leurs territoires, il fallait avoir des armées fortes. Aujourd'hui, ce sont les économies et donc les entreprises qui ont besoin d'être solides, puisque ce qu'il faut pour assurer le bien-être de la population, c'est produire des richesses, avoir la maîtrise de son marché intérieur et conquérir des parts supplémentaires à l'exportation.

La période actuelle associe une conjoncture économique difficile à des mutations technologiques très rapides. La situation des entreprises est donc mouvante et désormais, aucune position n'est définitivement acquise. Des géants industriels que l'on croyait indestructibles vacillent (Chrysler, A.E.G., Rhône Poulenc), tandis que des entreprises se développent, naissent ou meurent plus rapidement que par le passé.

La France, dépourvue de la plupart des matières premières essentielles, et dont de nombreux secteurs industriels sont menacés par la concurrence des pays en voie de développement, se trouve donc en situation délicate. Elle a cependant des atouts que la politique économique et industrielle permettra de valoriser si elle est soutenue par un certain consensus national. Ces atouts, ce sont à la fois les ressources technologiques et les ressources humaines dont elle dispose. Leur mise en valeur ne se fera, selon moi, qu'à six conditions :

— desserrer le carcan économique, fiscal et juridique qui pèse sur les entreprises ;

— privilégier l'épargne et l'investissement ;

— concentrer les efforts publics sur quelques créneaux ;

— développer la formation des hommes en réorientant le système éducatif ;

— aménager le travail et l'emploi ;

— tirer profit de l'évolution du mode de vie pour faciliter l'accès à la culture.

Ces conditions ne nécessitent pas toutes le même délai de mise en œuvre. Certaines peuvent être d'application immédiate, d'autres en revanche ne pourront être atteintes que progressivement parce qu'elles supposent une évolution profonde par rapport à la situation actuelle (c'est le cas en particulier dans le domaine éducatif). Toutes cependant sont indispensables.

1. Desserrer le carcan qui pèse sur les entreprises

On ne fait pas combattre un soldat en le chargeant comme un baudet ; de la même manière, on ne peut espérer d'une entreprise qu'elle sera efficace si elle est écrasée sous les charges et les réglementations. Les entreprises ont trop souvent été considérées comme les vaches à lait de la société d'abondance. De nouvelles obligations fiscales et sociales leur ont été imposées, au moment même où il leur aurait fallu réserver leurs forces à la compétition internationale.

Le tissu industriel français est fragile, plus peut-être que celui des États-Unis ou de l'Allemagne. Plutôt que de faire des entreprises de nouveaux laboratoires sociaux plus ou moins contrôlés par l'État, il faut en fait se poser la question de savoir si elles ont encore les moyens de supporter des obligations nouvelles, souvent supérieures à celles de leurs concurrentes allemandes ou américaines.

Sur ce point, ma philosophie n'a pas changé depuis que j'ai quitté le gouvernement. Je reste convaincu que la priorité absolue dans cette période de crise est le renforcement de la compétitivité de notre économie. Pour que cette compétitivité se développe, il faut absolument :

— redonner la liberté totale des prix et de la gestion à notre économie, parce que c'est le seul moyen de faire jouer la concurrence tout en assurant aux entreprises les ressources financières nécessaires à leurs investissements. Le blocage, qui réduit les marges, fait diminuer la rentabilité déjà faible, et chuter les investissements ;

— jouer le jeu de la compétition internationale parce que le protectionnisme, déguisé en reconquête du marché intérieur, nuit aux exportations des entreprises les plus dynamiques et retarde la nécessaire évolution des plus faibles qui sont artificiellement maintenues sous un cocon protecteur coûteux pour la collectivité ;

— limiter les charges fiscales et sociales qui pèsent sur les entreprises car leur excès conduit à opérer un prélèvement sur les ressources nécessaires au renouvellement et au développement des équipements. Il faut préférer les emplois directement productifs à la création de postes de fonctionnaires, et pour cela, il est nécessaire de laisser aux chefs d'entreprise les moyens et le goût d'investir ;

— assouplir et non rigidifier les conditions de travail et d'utilisation des équipements. La réduction de la durée du travail et la revendication par les salariés d'un aménagement du temps de travail doivent aller de pair, pour être supportables, avec une utilisation plus longue des équipements existants qui permette, sans accroître les charges d'investissement, de réaliser des gains de productivité. De même, les « seuils » créés par la législation du travail (dix, cinquante, cent salariés) doivent être aménagés ou supprimés pour ne plus être des obstacles à l'embauche ;

— ne pas se fixer sur l'idée que l'entreprise est une collectivité de travail qui doit offrir exactement les mêmes droits et les mêmes garanties à tous. Ceci signifie qu'il ne faut pas systématiquement décourager le recours au travail temporaire ou à la sous-traitance, facteurs de souplesse dans la gestion. N'offrir à l'entrepreneur que la possibilité d'une embauche définitive, quelle que soit l'évolution future du marché, c'est bien souvent le conduire à écarter le risque et le pari qui constitue la recherche de nouveaux marchés ;

— refuser de faire des entreprises des tribunes politiques ou des laboratoires sociaux. Le but de l'entreprise, c'est la production de richesses par le travail, pour le plus grand bien de la collectivité, et non la mise en œuvre d'un socialisme utopique. La discussion sur le partage des fruits du travail doit avoir lieu. Il ne s'agit pas de nier sa nécessité, bien au contraire. Il faut seulement qu'elle ne remette pas en cause le fondement même de l'entreprise, et puisse se dérouler entre des partenaires dont les forces sont équilibrées. Ceci signifie à mon sens que l'État doit le plus possible se garder d'intervenir systématiquement dans le dialogue entre les partenaires sociaux ;

— restreindre le poids de l'État dans la gestion des entreprises. Le rôle de l'État n'est pas de faire diriger les grands groupes par des fonctionnaires. La nationalisation ne se conçoit que pour assurer la gestion des services publics et de certains monopoles. La constitution de conglomérats publics, adossés à la garantie financière que constitue la présence de l'État comme seul actionnaire, ne peut que conduire à l'accumulation de déficits coûteux pour les finances publiques. En outre, la rigidification des structures qui accompagne la nationalisation décourage l'initiative et fait des entreprises publiques des paquebots difficiles à manœuvrer, là où précisément la conjoncture exige souplesse et rapidité de décision.

En définitive, l'entreprise doit redevenir une collectivité de travail avec des responsables libres et clairement identifiés, et ne pas ressembler à une organisation bureaucratique. Ici encore, il s'agit bien de choisir l'individu contre la structure, la responsabilité contre l'assistance.

2. Privilégier l'épargne et l'investissement

Il est particulièrement inquiétant, au moment même où la mise en œuvre des innovations technologiques nécessite la mobilisation de financements considérables, que les Français, dont le taux d'épargne est l'un des plus élevés du monde, soient ceux qui orientent la part la plus faible de cette épargne vers les entreprises.

Cette situation est d'autant plus préoccupante qu'elle est aujourd'hui aggravée par deux facteurs :

— la politique d'accroissement des prélèvements sociaux et fiscaux, qui va réduire le volume de l'épargne. La relance par la consommation les a fait progresser de 42 % en 1980 à plus de 45 % en 1983 ;

— l'accroissement sans précédent des déficits publics qui conduit à canaliser cette épargne vers leur financement et à la détourner de celui du développement des entreprises. (L'État est devenu sur le marché obligataire le principal concurrent de l'économie.)

Nous sommes donc placés devant un choix fondamental : ou, par une politique de limitation des déficits publics et des prélèvements obligatoires, nous dégageons les ressources nécessaires à la modernisation de nos entreprises ; ou nous privilégions le développement de l'appareil d'État, au risque d'affaiblir le tissu industriel et de nous retrouver demain dans une situation inextricable, les entreprises devenues non concurrentielles faute d'investissements n'ayant plus les moyens de supporter le train de vie d'un État vivant au-dessus de ses moyens.

La manière même de présenter ce choix montre à l'évidence quelle est ma réponse. Je ne crois pas cependant être partial. Il s'agit seulement à mon sens de choisir entre l'avenir et le présent, entre l'effort aujourd'hui et le déclin demain. L'image la plus parlante qui me vienne à l'esprit est celle des semailles et de la moisson. En période d'avenir incertain, devons-nous, pour nous développer, consommer le grain qui constitue la semence des moissons futures ?

Si le choix est clair, la difficulté de sa mise en œuvre ne doit pas être sous-estimée. Nos ressources financières ne sont pas illimitées et, depuis plus de dix-huit mois, elles sont pour l'essentiel consacrées à payer ou à gager l'endettement de l'État. Chacun sait que l'on s'endette beaucoup plus vite que l'on ne rembourse ses dettes. Quelle que soit leur volonté de favoriser l'orientation de l'épargne vers les entreprises, les gouvernements de demain verront leur marge de manœuvre limitée par le nécessaire remboursement des dettes contractées par celui d'aujourd'hui.

A cet égard, je pense que mon successeur a compris l'importance de l'enjeu, puisque passés les premiers mois de l'« état de grâce » (qu'auront-ils coûté au pays ?), il est revenu à plus de mesure et de bon sens, prolongeant avec quelques aménagements le dispositif que j'avais mis en place pour orienter l'épargne des Français vers la Bourse et les sociétés non cotées.

Je crois cependant qu'il ne va pas jusqu'au bout du raisonnement, et qu'il se leurre en croyant que les Français investiront dans des entreprises rendues non compétitives par un excès de charges, alors que leurs ressources auront été amoindries par la baisse du pouvoir d'achat et le blocage des prix.

L'efficacité d'une politique économique repose sur sa cohérence. Il n'est pas possible dans ce domaine de réaliser un compromis en adoptant la logique socialiste avec les syndicats, et la logique d'entreprise avec les entrepreneurs.

3. Concentrer les efforts publics sur quelques créneaux

Le rôle de l'État n'est pas, comme je l'ai déjà dit, de se substituer à l'initiative privée dans un nombre croissant de secteurs industriels. Ceci ne signifie pas pour autant qu'il ne faille pas avoir une politique industrielle.

Si pour la plus grande part le choix des investissements doit être laissé aux responsables privés, il appartient en revanche à l'État de développer des programmes d'intérêt national ou d'assurer les frais des travaux de recherche fondamentale dont la rentabilité aléatoire à court terme empêche qu'ils soient financés par des initiatives classiques.

La mise en œuvre du programme nucléaire, fruit de la lucidité de l'ancien président de la République, allait dans ce sens.

Pour assurer à terme une indépendance énergétique vitale à notre économie, le gouvernement a, du moins jusqu'en 1981, lancé la construction de centrales augmentant chaque année notre parc de production de cinq mille mégawatts.

La dépense annuelle de l'ordre de vingt milliards de francs était certes considérable, mais elle nous permet aujourd'hui de réduire sensiblement nos importations de pétrole, de consommer une électricité pour 40 % d'origine nucléaire (pourcentage unique au monde), et surtout de renforcer la compétitivité de nos entreprises en stabilisant ou diminuant le prix de notre énergie.

Le but que nous nous étions fixé était de faire baisser le prix de l'énergie à l'horizon de 1990, c'est-à-dire de répercuter sur l'économie la « rente » du nucléaire. Il peut encore être atteint si le gouvernement actuel a les moyens d'éviter que cette rente ne soit confisquée par les salariés du puissant monopole que constitue E.D.F. (par exemple le 1 % sur le chiffre d'affaires pour le comité d'entreprise), et le courage de faire comprendre aux ménages qu'un investissement de cette importance n'a de sens que si ses fruits sont utilisés pour aider les entreprises à créer des emplois en renforçant leur compétitivité. (Malheureusement, les dévaluations de notre monnaie ont augmenté la charge des remboursements des dettes qu'E.D.F. a contractées à l'étranger.)

L'industrie de l'aluminium constitue dans ce domaine un bon exemple. A terme, son maintien sur notre sol n'est concevable que si nous offrons à Péchiney une énergie aussi bon marché que celle qu'il peut trouver dans les pays dotés de ressources hydrauliques abondantes ou de gaz à bon marché.

Notre effort d'adaptation aux évolutions de la société industrielle ne doit pas se limiter au nucléaire. Il faut que nous maîtrisions le développement de l'informatique et de la robotique qui constituent les deux autres secteurs de la révolution technologique. L'opinion publique est sans doute encore quelque peu réticente à cette évolution, comme elle a pu autrefois l'être à l'introduction du chemin de fer ou de l'automobile. En réalité, il faut aujourd'hui dépasser le débat de l'homme contre la machine ou de la substitution du capital au travail. Les emplois de demain, dans les pays comme le nôtre, dépendent de la capacité à diffuser l'innovation dans l'économie, car elle seule permettra de conserver un certain avantage sur les nations nouvellement industrialisées.

Il ne faut pas oublier que la capacité de communication de l'informatique double tous les dix-huit mois et que nos principaux concurrents ne se contentent pas de robotiser leur industrie automobile mais créent aussi une industrie de la robotique.

Les combats d'arrière-garde pour protéger les marchés de nos produits à faible valeur ajoutée ne sont pas les bons. Les vrais défis sont ailleurs et il faut que nous les gagnions.

Parallèlement à l'effort de diffusion des technologies nouvelles, qui doit rester prioritaire, il est clair que l'État ne peut pas se désintéresser du sort des industries traditionnelles directement menacées par les productions étrangères. Il serait trop facile de croire qu'un ouvrier du textile peut, du jour au lendemain, se transformer en électronicien ou en informaticien.

Néanmoins, la puissance publique doit, dans ce domaine, se fixer pour règle de faciliter les transitions et non de prolonger les survies. Le maintien sur notre sol de produits à faible valeur ajoutée, ou pour lesquels des capacités de production modernes se créent dans les pays à faible coût de main-d'œuvre, n'a pas de sens. Les cruels exemples de la sidérurgie et du textile nous l'ont appris.

Il faut dans ces secteurs savoir reconvertir une partie des capacités de production plutôt que de les préserver temporairement par des protections douanières ou des subventions. Le reste, c'est-à-dire les sous-secteurs dans lesquels une production de haute technicité est possible, doit faire l'objet d'investissements de développement et de productivité, comme cela a été le cas par exemple pour une partie du textile en Allemagne et aux États-Unis.

C'est dans cette perspective, et dans celle-ci seulement, qu'il faut, me semble-t-il, parler de reconquête du marché intérieur. Un tel objectif n'a de sens que s'il s'agit de conserver, dans un certain nombre de secteurs, les productions de haut de gamme. Vouloir par un combat d'arrière-garde « produire français » à tout prix, quel que soit le produit, serait une politique coûteuse. Pour préserver quelques unités de production non compétitives, la création de barrières douanières (tarifaires ou techniques) serait nécessaire et ne manquerait pas d'entraîner de la part de nos partenaires des réactions de défense analogues qui pénaliseraient les secteurs exportateurs, c'est-à-dire dynamiques, de notre économie.

Le développement des technologies nouvelles et la reconversion des secteurs non compétitifs constituent deux volets traditionnels de la politique industrielle. Pour tenir compte de la spécificité de notre situation, il faudra aussi à mon sens :

— favoriser la création d'entreprises sans lier nécessairement l'aide à l'investissement réalisé ;

— tirer avantage de la situation particulière de notre agriculture en renforçant la vocation exportatrice du secteur agro-alimentaire.

La compétitivité d'une économie, dans une période de croissance ralentie, ne se mesure plus uniquement à l'accroissement de ses investissements. Les dépenses de mise au point de procédés nouveaux, de développement de réseaux commerciaux, voire de formation professionnelle, peuvent être décisives. Par ailleurs, l'important sur les marchés nouveaux n'est pas le volume de capital mobilisé, mais la rapidité d'implantation sur le marché. Une avance de quelques mois peut être fondamentale pour asseoir une suprématie. Le besoin de financement ne vient qu'ensuite, lorsqu'il faut consolider les positions acquises. Cette réflexion sur la nécessité de favoriser la création d'entreprises (en favorisant « l'acte » de créer et pas seulement « le volume créé ») et de financer les dépenses « immatérielles » (non directement liées à l'investissement) m'avait conduit, lorsque j'exerçais des responsabilités ministérielles, à mettre en place des outils nouveaux : prêts participatifs, aides du C.I.D.I.S.E., prêts d'honneur aux dirigeants. Cet effort est aujourd'hui encore insuffisant. En matière d'économie, comme en matière de démographie, un pays dans lequel le taux de natalité des entreprises est négatif est un pays en déclin ; et c'est pourquoi je suis partisan d'exonérer, les premières années, les créateurs d'entreprises des charges fiscales ou sociales, à condition qu'ils maintiennent leurs bénéfices dans la société.

La seconde action complémentaire est celle qui doit nous permettre de tirer parti de nos ressources agricoles. L'étendue de son territoire et le caractère favorable de son climat font de la France le mieux placé des producteurs agricoles européens.

Ce secteur économique est marqué par la coexistence d'exploitations de deux types fondamentalement différents :

— celles qui à cause de contraintes géographiques ou climatiques particulières (en montagne par exemple) et du fait le plus souvent de leur taille et de leur rentabilité limitées, ne pourront à l'avenir escompter une progression considérable. L'effort, à leur égard, doit avoir pour objectif de garantir à leurs détenteurs un revenu suffisant pour leur permettre de poursuivre leurs activités et éviter d'accroître les phénomènes de désertification rurale.

Il est clair cependant que s'il n'est pas question de l'abandonner, il ne faut pas, par des promesses démagogiques, promettre de miracles à cette partie du monde rural. Jamais la productivité technique des exploitations de plaine ne sera atteinte, et l'aide publique ne pourra aller au-delà des mécanismes actuels et d'un encouragement accru à la recherche de revenus complémentaires grâce à la pluriactivité (culture hors sol, tourisme, etc.) ;

— celles dont la taille et les caractéristiques techniques sont telles que l'on peut les qualifier d'exploitations « industrielles ». Elles fournissent l'essentiel de l'excédent agricole national à l'exportation et constituent l' « amont » de l'industrie agro-alimentaire. Capables par leurs rendements et leur technicité de se comparer aux exploitations nord-américaines les plus performantes, elles doivent à l'avenir, constituer le fer de lance d'une politique agricole à l'exportation. Dans un marché alimentaire mondial en expansion, du fait de la croissance démographique des nations non autosuffisantes sur le plan agricole, elles peuvent couvrir une part croissante des besoins. Actuellement, le maintien des prix agricoles artificiellement bas sur le marché mondial décourage le développement de l'agriculture dans les pays du tiers monde, dont les besoins sont pourtant croissants. Ce paradoxe (pénurie mondiale et prix bas) ne pourra se maintenir durablement sans risques. Il nous appartient de contribuer à sa disparition, en exportant notre savoir-faire agricole dans les pays qui pourraient développer leur propre agriculture, (si les prix mondiaux étaient plus proches de la réalité des coûts de revient), et nos denrées alimentaires dans ceux qui, de toute manière, n'atteindront pas l'autosuffisance. De nombreux pays en voie de développement n'auront pas en effet la possibilité de développer rapidement une production nationale, soit que celle-ci n'atteigne pas une rentabilité satisfaisante et donc n'attire pas les investissements, soit que leur situation géographique ne s'y prête pas.

Ainsi, pour tirer parti de l'avantage que constitue notre potentiel agricole, il nous faudra adopter une attitude analogue à celle des États qui veulent financer leur développement par les revenus tirés de leurs matières premières.

Il ne s'agira pas d' « affamer » le tiers monde en lui vendant notre blé à prix d'or, mais de chercher à transformer nos matières premières agricoles, et forts de cette richesse, à établir avec les pays en voie de développement et ceux qui détiennent les matières premières minérales qui nous sont indispensables les bases d'un commerce tripartite. Plus que l'épuisement des matières premières, c'est la faim qui, aujourd'hui, menace le monde. Chacune des trois parties aura donc de bonnes raisons de rechercher un accord, sans léser l'autre, car la ruine ou une catastrophe chez l'un quelconque des partenaires entraînerait les deux autres.

4. Développer la formation des hommes en réorientant le système éducatif

L'examen de la situation économique de notre pays montre que les difficultés de la France viennent de ce que par bien des aspects, elle est à mi-chemin entre les pays en voie de développement et ceux qui sont dotés d'une industrie puissante et d'une main-d'œuvre très qualifiée.

Il y a en fait deux « France », celle des centrales nucléaires, de l'informatique et de l'aéronautique, qui doit se battre pour conserver ses marchés face aux États-Unis, au Japon, à l'Allemagne, et celle de certaines entreprises textiles, métallurgiques, et parfois même électroniques, mise en péril par les pays à faible coût de main-d'œuvre.

La bataille économique à court terme se livre sur ces deux fronts. Sa réussite dépendra de la pertinence des choix effectués, mais le succès à long terme sera fonction de la capacité de notre système à former des hommes aux réalités nouvelles.

Ceci entraîne deux exigences fondamentales :

— il faut que le système éducatif évolue en même temps que le monde dans lequel il est plongé ;

— il est nécessaire que la formation professionnelle des salariés prenne en compte l'évolution des techniques et favorise la création d'entreprises et la mobilité sociale.

Malheureusement, une analyse objective de la situation actuelle montre qu'à l'évidence, et malgré les efforts importants qui ont pu être déployés (en particulier sous le septennat précédent par mon ami Christian Beullac, premier chef d'entreprise à avoir accepté la lourde charge de l'Éducation nationale), il n'est répondu de manière satisfaisante à aucune de ces deux exigences.

Une fois rejeté les tentatives de réforme pourtant indispensables du septennat précédent, le monde de l'éducation s'est refermé sur lui-même et enfermé dans la mauvaise querelle de l'enseignement libre. A la vérité, ce que les syndicalistes de l'enseignement n'ont pas compris, par manque de tolérance et d'esprit d'ouverture (il est peut-être difficile d'en avoir quand on fait un métier où l'on n'a jamais tort !), c'est que le fond du débat n'est pas confessionnel, mais qualitatif. L'enjeu ressenti par les parents qui travaillent et connaissent la réalité économique, ce n'est pas la laïcité contre la religion, c'est la qualité et la liberté contre le dogme et la médiocrité.

Je crains pour ma part que le monde éducatif ne soit aujourd'hui atteint de ce que l'on pourrait appeler le « syndrome de l'huître » car, comme elle, il se referme sur lui-même lorsqu'il est plongé dans un milieu qu'il croit hostile.

Ce n'est pas le dévouement pédagogique des maîtres que je veux mettre en cause, c'est la qualité et la nature du message qu'ils distillent à leurs élèves. Celui-ci ressemble trop à celui que j'ai entendu pendant mon enfance, et ne correspond plus au monde d'aujourd'hui. En 1979, lorsque j'étais rue de Rivoli, frappé par l'absence de prise en compte de la réalité économique dans les manuels scolaires, j'ai demandé que l'on dépouille une trentaine d'entre eux parmi les plus récents destinés aux enfants de 9 à 12 ans (ce qui me semblait le bon âge puisque c'est celui auquel l'enfant s'ouvre à la vie et à l'environnement). Le résultat de ce travail a surpris et inquiété mes collaborateurs, et ceux à qui je l'ai communiqué.

La description des acteurs économiques fait irrésistiblement penser à la France d'avant-guerre.

Les salariés agricoles sont trois fois plus nombreux que dans la réalité de la population française. Dans l'agriculture décrite, le cheval est plus fréquent que le tracteur, et le « domestique agricole » davantage présent que le technicien d'aujourd'hui.

Il en est de même des commerçants et des artisans deux

fois plus cités que dans la réalité mais à partir de métiers souvent disparus.

Les médecins, les « hommes en blanc » sont dix fois plus fréquents dans les manuels que dans la réalité sociale actuelle. Ils constituent l'essentiel des professions libérales, avocats, architectes et notaires étant très rares.

Le médecin modèle est celui qui pratique la médecine générale, qui rend visite à domicile. Peu de chirurgiens ou de spécialistes, peu de chirurgiens-dentistes ou d'ophtalmologistes (médecins que pourtant de nombreux enfants fréquentent régulièrement). C'est Knock de Jules Romains qui triomphe suivi par les médecins de Molière. On est bien loin de la clinique ou de l'hôpital moderne, des spécialistes, du cabinet de groupe.

Les enseignants, instituteurs, institutrices (maîtres et maîtresses) et professeurs sont fortement sur-représentés, héros naturels du monde scolaire qui n'hésite pas, en une sorte de narcissisme social, à se contempler lui-même, fût-ce à travers des œuvres littéraires (*La Commune* de J. L'Hôte ou *Le Grand Meaulnes* d'Alain-Fournier). La tradition qui veut qu'à la rentrée scolaire les lectures portent sur... la rentrée scolaire (le nouveau maître, la nouvelle classe, le nouvel élève, etc.) ne peut que renforcer cette tendance.

Je pourrais multiplier les exemples de professions sur-représentées, mais il est intéressant de voir aussi celles qui sont sous-représentées. Au premier rang de celles-ci les cadres. Trois fois moins que dans la vie économique, les techniciens, les employés de bureau la plupart du temps réduits aux secrétaires et sténodactylos.

Enfin les ouvriers, qu'il s'agisse des contremaîtres, de la maîtrise en général ou des O.S., des ouvriers qualifiés ou des manœuvres, ils sont fort peu présents dans les manuels de lecture : moins de 10 % contre 36,6 % dans la société française contemporaine. Leur métier est rarement décrit; dans la plupart des cas, il est évoqué comme s'il y avait quelque honte à être ouvrier.

Il serait trop long de rapporter les mêmes constatations par branche ou secteur d'activité, mais je puis vous assurer qu'on y trouve les mêmes anomalies. Pour prendre des exemples : la presse n'est citée que sept fois, le logement n'apparaît pas et les industries électriques et électroniques, pas une seule fois. Cela en dit long sur l'avenir technologique de notre formation. Dans le domaine financier, si les différents actes sont assez bien décrits, par contre lorsqu'il s'agit de l'épargne, il semble que ce soit la Caisse d'épargne qui soit en position de monopole, alors qu'à aucun moment il n'est fait mention de l'épargne comme mode de financement de l'activité économique.

En ce qui concerne l'emploi, on explique davantage comment congédier un salarié, que les instruments actuels (A.N.P.E.) et les difficultés du marché du travail. Enfin, la forme juridique la plus courante de nos entreprises, la société anonyme, n'est mentionnée nulle part.

Le monde économique des manuels de lecture est un monde anachronique, pour moitié d'avant le XXe siècle, pour les quatre cinquièmes d'avant-guerre. Cela tient en partie à la sélection des ouvrages de référence utilisés par les auteurs qui choisissent les extraits : leur volonté de respecter les valeurs établies, les classiques, les conduit à choisir des textes dans des ouvrages anciens.

Le monde social des manuels est un monde systématiquement infantilisé, peuplé d'animaux, de clowns, de merveilleux. Lorsque le monde des adultes est présent, le merveilleux est sauvegardé quand même grâce au recours aux exploits sportifs ou technologiques (fusée, aérotrain, pilotes d'essai). Cela aboutit à une véritable dénégation de l'univers concret quotidien des enfants qui utilisent les manuels : ce n'est pas d'eux qu'il est question dans le livre de lecture.

Lorsque le monde social est abordé, il l'est par ses aspects les moins ordinaires, ce qui se traduit par la surreprésentation des sportifs, des métiers du spectacle et des moyens de transport.

Les activités économiques présentes dans les textes sont presque uniquement des activités de consommation ; la société des manuels de lecture est une société du spectacle économique.

Rarement, on se rend derrière le comptoir pour comprendre le travail du détaillant ; rarement, on passe des bateaux au chantier naval, de la lampe que l'on allume à la centrale électrique. La production est pratiquement exclue, sauf l'agriculture, la pêche et le bois.

Les activités de distribution ne sont décrites que du point de vue du client, rarement du point de vue du grossiste, de l'exportateur ou du producteur cherchant des débouchés.

Si les transports sont omniprésents, le problème de la consommation d'énergie n'est pas mentionné, ni celui de leur fonction économique : seul en est retenu l'aspect spectaculaire (fusées, T.G.V., Concorde).

L'atomisation systématique des quelques activités économiques présentées conduit à la négation de l'idée de circuit économique. Rien ne permet aux enfants de comprendre la provenance de l'argent de l'Etat ou des collectivités locales ; impôts et dépenses publiques n'apparaissent jamais liés logiquement, de même qu'épargne et investissement, cotisation et allocation, tout ceci rendant impensables la notion de transfert social et les diverses opérations dites de « répartition ».

Dans une telle logique, la fiscalité ne peut être traitée que comme une charge, l'épargne comme une vertu (être « économe ») ou comme un vice (l'avarice) : ce qui est sous-jacent, c'est la doctrine de « l'Etat providence » et du citoyen demandant l'augmentation des subventions et des aides de l'Etat, et en même temps, la réduction de la charge fiscale.

L'interdépendance des problèmes économiques est impossible à imaginer à partir de ces textes et l'enfant lecteur est peu préparé à comprendre la relation qui unit le niveau des salaires et celui des prix, la subvention et la création d'emplois, etc.

L'économie des manuels privilégie le visible, le concret, ce que l'on peut voir et toucher au détriment d'une réalité économique plus importante mais moins visible.

Le marché est toujours celui des produits finis ; l'attention portée aux utilisations finales dissimule les consommations intermédiaires, les valeurs ajoutées au cours des différentes étapes de la production, les importations et les exportations.

La monnaie est réduite au visible, la recherche de l'emploi à un problème de hasard et de rencontre.

Les aspects démographiques du développement économique ne sont pas abordés sauf en termes de conflits de génération, alors que l'on aurait été en droit d'attendre quelques textes concernant les travailleurs migrants et leurs familles.

L'étranger, sauf exception, n'a pas d'économie. « Le reste du monde », comme dit la comptabilité nationale, est objet de tourisme, d'aventures, de voyages ou de rêves, très rarement de travail, d'échanges, de collaboration. L'étranger est exotique, qu'il s'agisse de Manhattan ou de la Chine ; souvent il est « folklorisé », réduit à des clochers plus ou moins anachroniques et qui constituent autant d'obstacles à la compréhension des relations internationales.

Le monde du travail moderne est décrit sous un jour peu enthousiasmant qui ne peut qu'en détourner les élèves. L'industrie est souvent identifiée à l'aide de quelques faits peu rassurants (accidents, bruit, etc.) ; son rôle dans la formation de la richesse du pays n'est pas abordé. La fréquentation de tels manuels ne peut que conduire les élèves à déserter l'usine et le chantier, l'enseignement technique et l'apprentissage, à rêver de métiers hors norme (sport, spectacle, etc.), elle met en place un terrain psychologique favorable au ressentiment et à la déception.

L'école se complaît à sa propre célébration et décrit comme idéal implicite du bon élève, la possibilité d'être à son tour enseignant. Elle ne montre pas les autres professions banales, technicien ou ouvrier, ingénieur ou contremaître sous un éclairage aussi favorable ; l'absence, dans les ouvrages analysés, de toute référence aux établissements techniques et professionnels de tous niveaux, ne peut que leur conférer une image moins séduisante aux yeux des jeunes enfants.

En résumé, la conclusion qui s'impose est la fort médiocre présence du monde économique dans les manuels de lecture des dernières années de l'école élémentaire : le monde mis en scène par ces ouvrages est rigoureusement hors économique.

Toutes les approches de l'économie contenues dans ces ouvrages concourent à détourner les élèves de la compréhension des phénomènes. Les simplifications abusives, les caricatures d'activités économiques contribuent à les doter de méfiance à l'égard de l'économie et les préparent à recevoir, sans toujours pouvoir les critiquer et les apprécier, toutes les démagogies.

On ne peut que s'étonner du faible intérêt pédagogique des enseignants pour ces problèmes. La société industrielle qui pourtant a permis le développement de la scolarisation est mal aimée de l'école française. Qui plus est, cette présentation de l'univers socio-économique peut provoquer l'acquisition de modes de pensées antiéconomiques, rendant difficile, par la suite, une sensibilisation ou même une formation scientifique et technique dans le domaine économique. Compte tenu de l'âge des enfants, de l'habitude des réflexes intellectuels acquis à l'école élémentaire, c'est peut-être dès cette école qu'est créé un état d'esprit hostile à tout ce qui est économique et industriel. C'est en effet à l'école élémentaire que sont formés les goûts et les dégoûts intellectuels des jeunes Français.

Pour remédier à ces lacunes, la solution est sans doute de faire un plus large appel aux « documents authentiques », à la presse, aux écrits récents de toutes sortes, aux « textes et discours non littéraires ».

(Il va sans dire que l'enseignement au niveau secondaire devra, lui aussi, recevoir les mêmes aménagements.)

Il s'agit bien là d'un enjeu essentiel pour notre avenir : le niveau de vie de nos enfants dépend de l'efficacité du système éducatif. Un pays comme la France aura pour premier atout dans la compétition internationale l'aptitude des Français à découvrir et à utiliser les techniques nouvelles. Notre valeur ajoutée, c'est d'abord de l'intelligence et de la compétence. De l'une et de l'autre dépendent notre richesse collective et le poids de la France dans le monde.

Le vrai défi lancé à l'enseignement public n'est donc pas celui d'une minorité de privilégiés : c'est celui d'une majorité de Français qui attendent de lui plus de souplesse, plus de diversité, plus d'ouverture.

La vraie réponse n'est pas d'aspirer au centralisme et à l'uniformité : elle est, au contraire, de généraliser le dialogue et la diversité.

De plus, la place faite à la décentralisation est trop faible. Notre système éducatif est un monstre, centralisé, multiforme, difficilement gouvernable, où l'on a parfois l'impression que les intérêts de ceux qui le composent passent avant ceux des Français qu'ils devraient servir.

Marqué par une prédominance de la formation générale au détriment de la préparation à la vie professionnelle et par une grande importance accordée aux diplômes qui constituent l'élément déterminant du niveau d'entrée sur le marché du travail, il était adapté à une France rurale à la recherche de son unité administrative et politique. Il ne correspond plus aux exigences de mobilité et d'adaptation de notre temps. En le réformant, il faut modifier la mentalité des Français qui sont davantage des « rentiers » ou des administrateurs que des industriels, ou des gens prêts à prendre des risques.

La nécessité d'ouverture sur les réalités de la vie est plus grande que jamais. Il faut, avant tout, poursuivre les efforts qui ont été faits pour :

— revaloriser l'enseignement professionnel ;

— renforcer les liens entre les entreprises et le système éducatif ;

— chercher des mécanismes de remplacement des diplômes ;

— réaménager la formation professionnelle continue qui, malgré la loi de 1971, est davantage une obligation financière pour les entreprises qu'un moyen de promotion pour les salariés.

Seule une démarche de ce type mettra fin à l'incompréhension qui existe aujourd'hui entre l'école et l'entreprise, et atténuera les conséquences de celle-ci, qui sont pour l'essentiel :

— l'inadaptation des jeunes au marché du travail parce que les formations qu'ils ont reçues ne correspondent pas aux besoins ;

— la qualification trop faible d'une grande part de la main-d'œuvre productrice, parce que le système de formation initiale ayant été défaillant, les personnes entrant sur le marché du travail ne trouvent un emploi qu'à faible niveau de qualification et n'acquièrent que peu à peu une compétence professionnelle ;

— le cantonnement du personnel productif dans des tâches limitées et répétitives alors que l'amélioration de la qualification (et donc de la productivité) suppose une plus grande polyvalence ;

— la surqualification théorique des diplômes (grandes écoles, universités) mais une méconnaissance par ceux-ci des réalités de la production ;

— la grande rigidité de la hiérarchie au niveau des entreprises, hiérarchie qui, en outre, se fonde davantage sur un niveau de connaissances générales que sur une véritable compétence technique (cela entraînant d'ailleurs des difficultés d'adaptation aux changements rapides d'environnement ou de technologies. Les entreprises allemandes les plus performantes ont un taux d'encadrement plus faible que le nôtre et, en revanche, une main-d'œuvre plus qualifiée) ;

— l'attirance trop grande des jeunes ayant avec succès traversé le système scolaire vers des fonctions non productives ; il y a, hélas ! dans notre société, plus de prestige à être fonctionnaire qu'industriel !

— enfin, une faible mobilité sociale, la filière dans laquelle on fera « carrière » étant la plupart du temps déterminée par les résultats scolaires, il est difficile alors de changer de trajectoire en cours de route. Cette absence de mobilité sociale est dangereuse : elle est source, à juste titre, d'insatisfaction pour les individus, et antidynamisante pour l'économie.

Le problème soulevé par la réorganisation de notre système éducatif est donc bien celui d'un choix fondamental de société. Il ne se manifeste pas dans le quotidien avec autant d'acuité que les difficultés nées de la crise économique, mais il n'en est pas moins vital.

Je suis pour ma part convaincu qu'un système d'enseignement renfermé sur lui-même ne pourra pas donner à nos enfants les moyens d'affronter un monde de plus en plus complexe et de plus en plus changeant. La réforme à entreprendre touche le contenu des enseignements mais aussi la structure du système. Il faut l'adapter à la diversité des goûts, des aspirations, des aptitudes, ne pas le considérer comme seul habilité à définir ce que doit être l'éducation. Si nos enfants doivent attendre leur sortie du système scolaire pour découvrir les réalités du monde (c'est-à-dire leur seizième année), nous aurons seize ans de retard sur les sociétés qui auront su faire passer le message et le contenu de l'innovation technologique dans le système scolaire.

Il me semble grave que plutôt que de réfléchir aux moyens d'introduire la télématique, qui est la révolution industrielle du siècle, à l'école, de nombreux professeurs préfèrent lever l'étendard de la guerre de religion. Ils risquent un jour de s'apercevoir que le privilège et le prestige de leur fonction sont tirés de la valeur de leur savoir, et disparaîtront avec lui si celui-ci ne correspond plus aux exigences du monde nouveau.

5. Aménager le travail et l'emploi

Le taux probablement limité de la croissance économique de notre pays dans les années qui viennent rendra difficile une progression du pouvoir d'achat au même rythme que par le passé.

Le surplus de richesses à distribuer sera réduit, et son affectation quasi exclusive au profit des salariés amoindrirait les ressources mises à la disposition des entreprises pour renouveler leur équipement et accroître leur compétitivité, alors qu'il s'agit pourtant d'une priorité essentielle.

Il serait cependant tout aussi critiquable de se refuser à toute évolution du statut des salariés en arguant de ce que ceux-ci auraient eu plus que leur part dans les années de croissance.

Pour être compatible avec l'équilibre social, il faut que la politique économique présente un intérêt pour chacune des parties en présence. Cela signifie à mon sens que l'État devra reconsidérer son rôle pour redonner tout son sens à la négociation collective et à la politique contractuelle.

Il faudra aussi cesser de considérer que le nivellement de la hiérarchie des rémunérations est un moyen de résoudre le problème des inégalités. Il est normal qu'à niveau de responsabilités très différentes, les salaires soient très différents. L'effort devra porter sur la revalorisation des bas salaires, et sur l'atténuation de la discrimination entre « cols bleus » et « cols blancs » plutôt que sur une réduction ou un plafonnement par voie législative des hautes rémunérations. Il y a en France aujourd'hui un risque de « fuite des cerveaux » si la pression fiscale sur les cadres s'accroît. Ce phénomène nuirait à l'ensemble de l'économie, et en premier lieu aux autres salariés.

La politique salariale aura donc, à la fois parce que la croissance sera plus réduite et parce que certaines limites fiscales auront été atteintes, un effet moins redistributif que par le passé. L'essentiel des perspectives de progrès qu'il sera possible d'offrir aux salariés ne pourra alors venir que de mesures qualitatives ayant pour but l'amélioration et l'aménagement des conditions de travail.

Si je suis convaincu que la réduction du temps de travail sans perte de salaire constitue une très lourde erreur parce qu'elle augmente sans contrepartie les charges des entreprises et réduit l'utilisation des capacités de production, je pense en revanche qu'il doit être possible à terme d'offrir à chacun une souplesse beaucoup plus grande dans l'organisation de son travail. Dans de nombreuses professions les horaires variables sont déjà en usage pour le plus grand contentement des salariés. Il ne me semblerait pas illogique d'élargir les possibilités de modulation sur la semaine, le mois ou l'année, en particulier pour les activités à caractère saisonnier. Pourquoi n'aurait-on pas, en période de pointe, la possibilité de travailler cinquante heures par semaine si, en contrepartie, on se voit offrir quelques semaines de congés supplémentaires ? Les salariés y trouveraient leur compte, et l'entreprise aussi puisque ses coûts de stockage et de production seraient ainsi réduits.

De la même manière, dans une période où le financement des investissements est coûteux, la recherche de gain de productivité par une meilleure utilisation (en particulier plus longue) des équipements existants me semble essentielle. Les gains ainsi réalisés (par exemple si l'utilisation du matériel est plus intensive) pourraient être répartis entre le salarié (sous forme de temps libre) et l'entrepreneur (sous forme de gain de compétitivité). De nombreux pays sont engagés dans cette voie, en particulier le Japon et l'Allemagne fédérale. Nous n'avons aucune raison objective de ne pas les suivre. Le code du travail ne doit pas être considéré comme une bible intangible si les salariés peuvent tirer parti de son assouplissement.

Le développement du travail à temps partiel me semble également offrir des perspectives favorables, mais néanmoins limitées. Je ne crois pas qu'il puisse constituer une solution à l'échelle des problèmes d'emploi que nous connaissons. Ses limites tiennent à ce que quel que soit son horaire (partiel ou à temps plein) chaque salarié génère pour l'entreprise des coûts fixes. Le temps partiel ne présente donc un intérêt économique qu'aussi longtemps que son produit permet d'absorber ces coûts fixes (ainsi il n'est probablement pas envisageable de travailler au quart de temps, ou d'avoir une trop grande part d'effectifs à temps partiel, sous peine de surcoûts et de désorganisation). Enfin, il est difficilement applicable à certains processus de fabrication industrielle (chaînes, activités continues, etc.).

Je pense, par ailleurs, que la diffusion des technologies informatiques doit nous conduire à mener une réflexion sur les moyens, d'en tirer profit pour trouver de nouvelles formes d'organisation du travail. Ainsi une certaine renaissance du travail à domicile ne me semble pas du tout exclue.

La période de croissance plus limitée dans laquelle nous entrons ne nécessite donc pas forcément que l'on fasse reculer les droits des salariés pour tout sacrifier à la compétitivité. Le progrès de celle-ci ne peut se concevoir que dans le cadre d'une répartition harmonieuse des « surplus », sous peine de n'être pas durable. Ce surplus, nous en faciliterons la création si nous savons réintroduire un peu de souplesse dans les conditions de production, et en particulier dans les modalités d'utilisation des équipements. Juristes dans l'âme, les Français ont voulu conforter par des textes leurs garanties et leurs droits de salariés. Dans leur propre intérêt, il leur faudra, me semble-t-il, actualiser ces textes et les rendre compatibles avec une situation économique nouvelle.

Enfin les relations entre les hommes à l'intérieur de l'entreprise doivent évoluer. Nous ne sommes plus à l'époque du patron de droit divin et d'ailleurs le virage est très largement amorcé. Mais la productivité n'en sera que meilleure si, à tous les niveaux de la hiérarchie, les rapports sont empreints de cordialité, de confiance, de considération et de responsabilités.

Ce n'est pas la loi qui peut régler ces problèmes et les récentes orientations du ministre du Travail risquent de dramatiser ces relations et de reporter sur des syndicats pas toujours représentatifs la responsabilité individuelle.

L'augmentation du « temps libre » dont disposera chacun d'entre nous, qui résultera directement de l'aménagement des conditions de travail, peut être un excellent facteur d'intégration et de mobilité sociale. Jusqu'à présent les « loisirs » occupaient une place réduite dans la vie des individus et de ce fait, étaient fortement marqués par la « hiérarchie » existant au sein du monde du travail. Leur développement rend possible l'atténuation de ce phénomène. On le constate déjà lorsque l'on parle de la démocratisation de certains sports par exemple. Ce mouvement doit être encouragé parce qu'en facilitant les contacts de milieux « séparés » par le travail, il permet un échange, une meilleure connaissance mutuelle et désamorce bien des conflits ou des malentendus.

6. Tirer profit de l'évolution des modes de vie pour faciliter l'accès à la culture

D'évidence les relations sociales ont toujours par le passé été déterminées par les fonctions considérées comme essentielles par la société dans son ensemble.

Jusqu'au XIXe siècle, dans une société « guerrière », les militaires avaient le premier rang. Ils ont depuis cédé la place aux industriels et aux marchands, mais le schéma est resté le même. Celui qui par son travail occupe une fonction privilégiée conserve en dehors de son travail une position dominante. Cette constatation peut sembler triviale. Elle me paraît d'autant plus intéressante qu'elle est susceptible d'évoluer très rapidement sous une triple pression :

— le travail reste une fonction essentielle dans la vie de l'homme, mais il n'en est plus l'unique composante. Le raccourcissement progressif de sa durée crée un « espace de liberté » nouveau. Il n'est pas sûr qu'à l'avenir l'organisation de cet espace ressemble à celle du monde du travail ;

— les Français ne sont plus des adeptes de la centralisation et de la hiérarchisation. Ce peuple rural arraché à sa terre en moins de deux siècles veut aujourd'hui retrouver ses racines et aspire à plus de diversité ;

— l'évolution des techniques et en particulier l'informatique, qui abolit les distances et ne lie pas l'efficacité à la taille ou à la concentration des entreprises, rendent possible l'évolution des modes de vie à laquelle nos concitoyens semblent aspirer.

Cela signifie qu'il y a dans les années qui viennent des pages vierges à remplir en matière d'organisation sociale. A nous d'y trouver le moyen d'évoluer vers une plus grande mobilité et une liberté renforcée, ou si nous manquons d'imagination, de nous borner à maintenir la situation présente.

Je suis pour ma part convaincu que nous avons là une chance unique de donner un nouveau visage à notre société et de faire évoluer les rapports entre les hommes, en particulier sur deux points :

— l'aménagement de l'espace et du temps ;

— l'accès à la culture.

La nécessité de réaliser l'unité politique et administrative de notre pays et celle d'assurer aux industries un niveau satisfaisant de compétitivité ont, par le passé, conduit à concentrer les hommes et les richesses dans un nombre limité de points du territoire. C'est ainsi que depuis cent cinquante ans, les Français ont abandonné les campagnes pour les villes, et se sont rassemblés sur quelques grands axes de communication.

La gravité du phénomène de concentration et les risques qu'il présentait pour l'équilibre social et économique du pays ont été perçus assez tôt après la Deuxième Guerre mondiale (le livre *Paris et le désert français* date de 1947), alors qu'auparavant le phénomène semblait irréversible.

La politique d'aménagement du territoire qui s'est alors développée avait pour but de freiner cette évolution et d'en atténuer les conséquences pour les régions les plus défavorisées, sans pour autant espérer l'arrêter ou l'inverser.

Les concentrations de voitures dans la région parisienne, matin et soir, aux entrées de la ville, montrent qu'il y a encore beaucoup de progrès à faire, et qu'il est urgent aussi d'imaginer une société moins coûteuse en gaspillage d'énergie et en temps perdu.

Heureusement, se développe aujourd'hui, la volonté chez de nombreux Français de « vivre et de travailler au pays », qui l'emporte sur l'aspiration à « monter à Paris ». Pendant longtemps, et maintenant encore, cette aspiration était source de frustration car il semblait impossible d'arriver à maintenir sur l'ensemble du territoire une activité suffisante pour employer les jeunes à proximité de leur patrie d'origine.

Si aujourd'hui, il est clair qu'il n'y aura jamais d'industrie lourde en Corrèze, ou dans l'Ardèche, l'évolution des techniques permet d'espérer le développement d'activités nouvelles peu dépendantes de la distance et des moyens de transport. Il s'agit par exemple :

— des produits à très forte valeur ajoutée pour lesquels les coûts de transport pèsent peu. Le problème essentiel pour les industriels est alors de trouver sur place la main-d'œuvre qualifiée dont ils ont besoin. C'est encore difficile, mais la réforme que je souhaite, du système éducatif plus décentralisé, permettra de faire évoluer les choses, et l'exemple des chantiers de centrales nucléaires pour lesquels une part de la main-d'œuvre est trouvée sur place montre que le problème n'est pas insoluble ;

— les activités liées à la télématique, qui ne sont dépendantes ni de la localisation ni des distances, peuvent trouver hors du tissu industriel traditionnel d'intéressantes applications.

La culture est sans doute le domaine dans lequel les inégalités sont aujourd'hui les plus fortes, pour plusieurs raisons :

— elle a longtemps été le secteur réservé de ceux qui par

leurs fonctions professionnelles occupaient une position dominante, et a de ce fait « reproduit » les inégalités existant ailleurs ;

— le système éducatif qui est élitiste (ce qui n'est pas un reproche) reste le moyen privilégié d'accès à la culture. Ceux qui sont éliminés, les plus défavorisés, voient ainsi réduites leurs « chances » professionnelles, mais aussi culturelles ;

— l' « offre » culturelle reste concentrée dans les grandes villes, et la télévision n'a pas suffi à diffuser la culture sur tout le territoire, car elle n'était pas relayée par une vie associative assez développée.

Un effort important doit être réalisé pour mettre à égalité les petites villes avec les grandes. La richesse d'une commune ne se mesure pas au nombre de ses habitants mais beaucoup plus aux structures culturelles, sportives et sociales qu'elles offrent à ceux-ci.

Il est possible aujourd'hui de modifier cet état de fait, et de faire naître de ce bouleversement des rapports nouveaux entre les individus :

— le temps laissé libre pour autre chose que le travail va aller en s'accroissant. Alors que, jusqu'à une date récente, l'accès à la culture (ou parfois même aux activités sportives) était bien souvent conditionné par l'argent ou la position sociale, il pourra ne plus en aller de même. De nombreuses activités se sont déjà « démocratisées », et l'on peut espérer que ce mouvement se poursuivra, car l'accroissement du temps disponible crée de nouveaux publics ;

— la notion de « culture » elle-même se modifie. Il ne s'agit plus seulement de connaissances accumulées par une minorité de privilégiés, mais d'un savoir, d'une tradition, d'une expérience recherchés par le plus grand nombre. La connaissance des auteurs de l'Antiquité ou de la peinture du XVIIIe n'est plus réservée à quelques érudits, elle est accessible, au moins pour l'essentiel, à chacun d'entre nous, et surtout chacun peut choisir la discipline de son choix. Par ailleurs, la volonté de nos concitoyens de retrouver des racines perdues ou affaiblies par deux siècles d'exode rural et de centralisme administratif fait émerger des « cultures populaires » qui sont l'expression de ce passé redécouvert ;

— le développement de la vie associative qui offre un schéma alternatif aux modèles classiques de la hiérarchie sociale renforce cette soif de culture et de communication entre les hommes, en montrant aussi qu'en dehors du travail, des relations peuvent s'établir sur d'autres bases, avec d'autres valeurs.

Ce foisonnement des initiatives et cette soif d'apprendre témoignent à la fois de l'importance de la demande culturelle et de l'aspiration de nos concitoyens à davantage de connaissance et de liberté. La croissance galopante nous a conduits à une crise d' « identité ». La période de difficultés que nous traversons nous conduit légitimement à rechercher par la culture une meilleure connaissance de notre histoire et de nous-mêmes.

Face à un tel mouvement, le rôle de l'État est à la fois fondamental et ambigu.

Fondamental parce qu'il lui appartient d'encourager des initiatives qui contribuent à améliorer la qualité de vie des citoyens et à renforcer leur liberté. En outre, l'inégalité culturelle étant sans doute la plus profonde et la plus lourde de conséquences, il lui appartient bien de chercher à l'atténuer.

Ambigu parce que l'État est dans ce domaine tout-puissant. S'il excède les limites de son rôle en créant un art officiel, une information officielle, il détruit cette aspiration individuelle à la liberté, et s'enferme dans le moule d'un conformisme dénué d'imagination. Un des grands mérites de Louis XIV sera sans doute d'avoir été un roi autoritaire mais un mécène tolérant. A l'inverse, il n'est qu'à regarder aujourd'hui les navrantes productions de l'art officiel, qu'il vienne de l'Est ou d'ailleurs pour constater que l'intervention de l'État et l'imagination culturelle font rarement bon ménage.

Dans cette perspective doubler le budget du ministère de la Culture ne veut rien dire si c'est pour créer des postes de fonctionnaires. Réformer la télévision ne sert à rien si c'est pour remplacer un conformisme par un autre. Il est grand temps d'admettre la pluralité des télévisions privées et publiques. Aux États-Unis, certaines villes disposent de soixante chaînes alors que nous n'en sommes encore qu'à trois totalement orientées par l'État. La concurrence dans ce domaine est synonyme de richesse.

Notre rayonnement culturel est immense parce que durant des siècles nous avons su être une terre de liberté et de tolérance ouverte aux artistes, aux écrivains de tous bords. Imprégnée de ces influences, notre culture s'en est enrichie.

Aujourd'hui, alors que s'ouvrent avec l'accroissement du temps libre des perspectives d'évolution comparables à celles qu'a pu créer l'imprimerie dans le domaine de la littérature, il faut que nous sachions garder ce qui a fait le prix de notre culture : sa liberté, sa tolérance, sa diversité. C'est à ce prix que nous pourrons un jour espérer voir naître des rapports nouveaux entre les hommes.

4.

Mettre en œuvre une nouvelle responsabilité sociale

Le mythe du progrès social indéfini rendu possible par une croissance économique sans limite est aujourd'hui bien défraîchi. Il m'apparaît maintenant que si la croissance des trente dernières années a permis de réaliser d'importants efforts en faveur des plus démunis sans modifier radicalement la situation des plus favorisés, une telle évolution ne pourra se prolonger dans une période de développement plus faible. Nous savons que, pour assurer l'avenir, il nous faudra plus que par le passé réaliser des efforts d'investissement et de formation.

Cela ne doit pas signifier qu'il convient d'adopter un conservatisme social étroit en arguant du fait que, s'il n'y a plus de richesse matérielle à distribuer il ne faut rien changer.

Il ne faut pas non plus réduire le débat à un simple problème de « redistribution » qui ponctionnerait sur les uns pour donner plus aux autres au nom de l'égalitarisme, car ceci va à l'encontre de l'encouragement de l'initiative individuelle plus que jamais nécessaire.

Il est souhaitable en réalité d'examiner avec sérénité la situation de notre système de protection sociale, et de réfléchir aux orientations qui sont susceptibles de répondre aux problèmes qu'il pose. Cette analyse met en lumière quatre éléments essentiels :

— la forte progression des prélèvements obligatoires, due en grande partie à la hausse des charges sociales ;

— la croissance continue et mal maîtrisée des dépenses de santé ;

— le coût économique et social du chômage ;

— les perspectives incertaines de l'assurance vieillesse.

Limiter les prélèvements obligatoires sans en réduire l'effet redistributif

Les prélèvements obligatoires, c'est-à-dire la ponction opérée sur l'économie par les administrations publiques et sociales pour financer leurs dépenses, ont, depuis le début de la crise, progressé à un rythme sans précédent. De 36 % du produit intérieur brut en 1973, ils sont passés à 42 % en 1980 pour atteindre sans doute 45 ou 46 % en 1983. Cela signifie que lorsqu'un Français, par son travail, produit cent francs, quarante-six francs sont prélevés pour financer le train de vie de l'État et les régimes sociaux.

Une telle progression peut sembler paradoxale dans une période de crise où, pour exporter et relancer l'activité, les entreprises auraient besoin de voir s'alléger les prélèvements pesant sur elles. Elle s'explique certes par la hausse du coût de l'indemnisation du chômage, mais aussi et surtout par le renforcement de la pression fiscale et l'accroissement des charges de tous ordres qui pèsent sur les secteurs productifs de l'économie.

De l'avis général des experts économiques, nous arrivons cependant à une limite au-delà de laquelle il nous faudra choisir entre une société « contrôlée » (près de la collectivisation), où les transferts réalisés sous l'égide de la puissance publique dépasseront la moitié de la richesse nationale, et une société plus « fluide » et plus libre économiquement, plus responsable individuellement, où leur part sera sensiblement réduite.

Je pense que ce choix est bien un véritable choix de société car il répond à l'interrogation de beaucoup de nos concitoyens : faut-il échapper au risque par soi-même, en cherchant une assistance toujours plus forte de l'État ou de la collectivité ?

Mon sentiment est que s'il n'y a pas de réponse simple à cette question, nous devons cependant nous prononcer sans équivoque pour la prééminence du choix individuel. J'y vois plusieurs motifs :

— un prélèvement trop fort sur la richesse qui est le produit d'une activité ne peut inciter à développer cette activité. Or, c'est précisément d'un tel développement que nous avons besoin pour résoudre nos problèmes à long terme ;

— ce n'est pas le montant des prélèvements qui permet de juger de l'efficacité d'un système de protection sociale, c'est le solde pour chaque individu entre les prélèvements et ce qui lui a été redistribué sous forme de prestations ou de revenus complémentaires. A ce titre, je suis enclin à penser que le volume des prélèvements est devenu excessif au regard de la redistribution opérée ; en outre, la gestion du système elle-même a des coûts de moins en moins maîtrisables ;

— laisser à l'État ou à des responsables non clairement identifiés par chaque citoyen le soin de gérer la redistribution, c'est en grande partie déresponsabiliser l'opinion à l'égard des coûts de la protection sociale ;

— ces prélèvements concurrencent directement les besoins d'investissement de notre économie puisque les uns et les autres ne peuvent, en définitive, être financés que par une ponction sur le revenu disponible des ménages. Or, si les investissements sont directement créateurs d'emplois (productifs pour la plupart), on ne peut en dire autant des prélèvements qui servent trop souvent à assurer des dépenses de fonctionnement.

Dans ces conditions, si nous voulons maintenir le dynamisme de notre économie en conservant l'acquis que représente notre système social, il me semble nécessaire de procéder en deux temps :

— il faut avant tout stabiliser le volume global des prélèvements. Son niveau actuel a déjà des effets récessifs sur l'économie et l'emploi ;

— ensuite, il est souhaitable de réfléchir aux moyens de diminuer le volume absolu des transferts. Il s'agit d'évaluer pour chaque catégorie ce que représentent les prestations reçues en regard des prélèvements subis et de rechercher le moyen de les rendre plus efficaces, de telle sorte qu'au fur et à mesure que le prélèvement aveugle s'atténue, la part laissée à la disposition de l'individu s'améliore.

Ces considérations, qui peuvent sembler abstraites, ne m'en semblent pas moins vitales pour le bon fonctionnement de notre système social et de notre économie. Dans ce domaine aussi, une politique est d'autant plus efficace qu'elle est moins pesante et dispersée.

Le véritable choix n'est donc pas entre une protection accrue et un démantèlement du système actuel. Il est entre une assistance renforcée et un renforcement de la responsabilité individuelle.

Les exemples de *l'assurance maladie, de la protection contre le chômage, et de l'assurance vieillesse* l'illustrent parfaitement.

Faire évoluer l'assiette des cotisations sociales

La hausse de l'ensemble des cotisations sociales et le poids qu'elles font aujourd'hui peser sur le revenu national s'expliquent par des facteurs spécifiques à chacune des trois grandes composantes de notre système de sécurité sociale :

— la progression des dépenses de l'assurance chômage est directement liée, c'est évident, à la situation économique dans laquelle nous nous trouvons. Une vingtaine de millions de travailleurs actifs doivent, par leurs cotisations, permettre l'indemnisation de deux millions de chômeurs (comme l'essentiel des cotisations pèse sur les salaires, qui sont moins nombreux, le poids est pour eux plus lourd que pour les autres catégories sociales) ;

— les dépenses de l'assurance vieillesse ont, jusqu'en 1981, connu une progression due pour l'essentiel à la revalorisation des prestations servies aux bénéficiaires, car le rapport du nombre d'assurés au nombre de cotisants évoluait encore de manière favorable. Il va de soi que la situation est aujourd'hui radicalement différente du fait de l'abaissement de l'âge de la retraite ;

— les dépenses de l'assurance maladie se sont, quant à elles, développées à un rythme sensiblement supérieur à celui de la croissance, de la richesse intérieure pour deux raisons : 1) la généralisation de la Sécurité sociale a pesé en premier lieu sur les dépenses de santé ; 2) la demande est dans ce secteur quasiment illimitée, et la satisfaction des besoins « marginaux » extrêmement coûteuse.

Le rythme de ces dépenses croît dans l'ensemble des pays européens, et tous se trouvent aujourd'hui placés devant le problème du financement des déficits sociaux.

Nous avions pour notre part, lorsque j'étais au gouvernement, tenté d'y répondre en particulier par une gestion plus rigoureuse des dépenses de santé dont nous avions ramené la progression de 20 à 15 % par an (en 1980), sans diminuer la qualité des services offerts.

Cette amélioration, qui était réelle (nous avions, en février 1981, respecté l'engagement de supprimer le point de cotisation supplémentaire), a été de courte durée, puisque, sous l'effet des mesures nouvelles après le 10 mai 1981, et d'une gestion plus dépensière, des déficits sont apparus ou menacent d'apparaître dans les trois secteurs de la maladie, du chômage (U.N.E.D.I.C.) et de la vieillesse.

Il n'est aujourd'hui plus possible de rejeter les deux questions fondamentales :

— sommes-nous allés trop loin en matière de protection sociale ?

— où trouver les financements nécessaires ?

La construction d'un système stable de protection sociale constitue, avec le respect des libertés individuelles, l'acquis et l'atout essentiel des démocraties européennes.

Ce système met fin aux drames immenses qui naissaient des périodes de récession brutale. Il limite le risque de désagrégation brutale de la société, et économiquement possède des effets régulateurs et anticycliques incontestables (en simplifiant, l'indemnisation des chômeurs soutient la demande, donc la production, et limite le chômage).

Conçu à l'origine pour garantir l'individu et sa famille contre les risques les plus graves (chômage, décès, accident, maladie), il s'est peu à peu étendu, en matière de santé, à la couverture de l'ensemble des risques courus. Le financement de ce surplus de garantie a été rendu possible à la fois parce que la croissance forte permettait de ne pas alourdir trop le niveau des cotisations, et parce que la demande initiale était faible. A l'objectif de couverture du risque s'est ajouté celui de la redistribution en faveur de certaines catégories (le critère de revenu n'étant souvent pas déterminant) bénéficiaires d'allocations spéciales (familles, personnes âgées, etc.).

Sous le double effet de la crise, qui contracte le volume des recettes, et de la progression des coûts (due aussi à la crise et au renchérissement des dépenses médicales), le système s'est donc déréglé. Je ne crois pas pour autant qu'il faille en changer. Ce n'est pas parce qu'un moteur tousse qu'on le met au rebut. Je pense en revanche qu'il est nécessaire d'en modifier l'organisation, pour la rendre plus simple, et restituer aux assurés de vraies responsabilités. Il m'apparaît aussi nécessaire, parce que les ressources financières seront limitées, de les affecter par priorité aux plus défavorisés.

La contrainte financière, peu perceptible en période d'expansion, est aujourd'hui décisive. Le niveau des prélèvements ne pourra pas être sensiblement accru parce qu'il atteint déjà un seuil et menace la compétitivité de nos entreprises. Si la croissance des dépenses se poursuit au rythme actuel de 20 à 22 % de progression par an, il manquera d'ici à 1988 à cotisations égales 500 milliards de financement cumulé.

La seule évolution possible, et encore faut-il à mon sens la manier avec prudence, est celle de l'assiette des cotisations, sans changer toutefois le volume de la recette globale.

Le système actuel repose en effet sur des cotisations calculées sur un salaire pour partie « plafonné », ce qui présente deux inconvénients :

— le facteur « travail » est taxé, et non le facteur « capital », ce qui peut entraîner à préférer acheter une machine plutôt qu'à embaucher un salarié. Cela ne serait guère gênant si nous fabriquions toutes nos machines, mais une grande part d'entre elles sont importées. Par ailleurs, dans la mesure où le rapport actifs/inactifs va décroître, ainsi que la durée du travail, la base des cotisations sera réduite, pour un volume plus grand de prestations à fournir (davantage de retraités en particulier) ;

— les bas salaires supportent un taux de cotisation plus élevé que les hauts par le système du plafond (il y a moins de points déplafonnés que de points plafonnés). Ceci aboutit à « pénaliser » les industries de main-d'œuvre employant des salariés relativement peu payés.

La solution alternative du système actuel n'est pas pour autant simple à trouver. Taxer le « capital », c'est-à-dire les machines, contribuerait à décourager encore davantage l'investissement. Favoriser systématiquement les bas salaires en les exonérant en partie de charges sociales fausserait les règles de la concurrence et pénaliserait injustement les entreprises menant une politique de progrès social. Calculer les cotisations sur la valeur ajoutée des entreprises composée pour 60 % de salaires ne modifie donc qu'en partie l'assiette, et aboutit à des phénomènes erratiques qui pénalisent les entreprises les plus performantes. Trois possibilités, qui ne s'excluent pas mutuellement, pourraient être explorées :

— un déplafonnement progressif, compensé par une baisse des taux, ce qui ne modifierait pas les charges des entreprises mais corrigerait la surcharge pesant sur les salaires les moins élevés. Cela ne sera possible que lorsque les dépenses seront maîtrisées, car aujourd'hui le déplafonnement n'est utilisé que pour augmenter les recettes. Il faudra également veiller à ce que l'équilibre des régimes complémentaires n'en soit pas atteint ;

— la recherche progressive d'une nouvelle base, inéluctablement nécessaire du fait du rétrécissement dans l'avenir de l'assiette salariale, et qui pourrait être constituée par les actifs nets réévalués (ce qui pénalise moins les entreprises qui investissent) ;

— la fiscalisation progressive de certaines prestations (allocations familiales) qui, par leur nature, constituent plus un élément de la politique sociale et familiale de l'État qu'une obligation des entreprises.

Le financement par le budget devant être recherché plus par des économies de fonctionnement de l'État que par des prélèvements supplémentaires sur les individus.

Au-delà de ces problèmes communs à l'ensemble des trois régimes, il me semble possible, dans chacun d'eux, d'esquisser certaines voies de réforme.

L'assurance maladie : maîtriser les dépenses en renforçant la responsabilité des assurés

L'obtention d'un nouvel équilibre de l'assurance maladie passe à mon sens par trois éléments essentiels, qui ont tous pour objectif de renforcer la responsabilité des assurés :

— la recherche d'une gestion décentralisée des caisses de Sécurité sociale qui permette de moduler les taux de cotisation en fonction de la qualité de la gestion et de la couverture médicale offerte ;

— le retour à un système d'assurance individuelle pour le « petit risque » qui aille de pair avec l'institution d'une « aide personnalisée » pour les plus défavorisés ;

— le renforcement de la rigueur dans la gestion des hôpitaux.

Deux critiques spécifiques à l'assurance maladie peuvent être faites si l'on considère le système actuel de cotisations :

— la quasi-totalité de ses dépenses étant remboursées, l'assuré n'est pas incité, lorsque cette dépense n'est pas essentielle, à se montrer économe. Qui d'entre nous n'a pas laissé inutilisées au fond de ses placards quelques boîtes de médicaments pourtant coûteuses ? Est-ce que, de temps à autre, l'absentéisme n'est pas trop facile ?

— les cotisations sont fonction du salaire de l'assuré, et non de la qualité de service rendu. La densité médicale est moins forte à Saint-Flour qu'à Nice, mais le prix payé par l'assuré (ses cotisations) est le même.

Ces deux motifs devraient, me semble-t-il, nous conduire à rechercher une gestion décentralisée des caisses de Sécurité sociale, analogue à celle que l'on peut trouver en République fédérale d'Allemagne, et dont les caractéristiques sont les suivantes :

Il existe un véritable réseau de caisses, qui regroupent leurs assurés selon les critères les plus divers, caisses locales (critère géographique), d'entreprise, de secteur, de profession, etc. L'assuré est libre d'adhérer à la caisse de son choix. Celles-ci déterminent leur taux de cotisation en fonction de leur équilibre « dépenses-recettes ». Toutes sont obligées de fournir un niveau minimal de prestations, et certaines peuvent proposer des prestations complémentaires.

Dans un tel système l'assuré se dirige naturellement vers la caisse qui lui offre le meilleur rapport prestations/cotisations, ce qui est un puissant élément d'incitation à la bonne gestion des caisses et à la modération des dépenses de santé (chacun sait qu'une économie se traduira par une baisse du taux de cotisation, ce qui n'est pas le cas en France où le système est trop lourd et opaque). De fait, pour la seule assurance maladie, les taux peuvent varier de 7 à 14 % du salaire brut selon les caisses. Par ailleurs, les caisses négocient directement leurs conventions avec les médecins et les hôpitaux en étudiant à leur tour le rapport qualité/prix, ce qui encourage les uns et les autres à modérer le niveau de leurs exigences et à accroître la rigueur de leur gestion.

Un tel système présente cependant quelques inconvénients techniques qu'il serait nécessaire de corriger s'il devait être appliqué en France à l'avenir. Il ne tient pas compte des déséquilibres qui peuvent exister dans la structure de la population assurée et qui sont parfois générateurs d'économies ou de surcoûts indépendants de la qualité de gestion. Ainsi, caricaturalement, il est évident que les cotisations dans une caisse où les adhérents sont jeunes, peu chargés de famille, avec des salaires élevés seront moins fortes que dans celles où se concentrent les personnes âgées, ou les familles nombreuses à faible revenu. Ces déséquilibres, qui pourraient aboutir à une véritable dualité dans le système de santé, peuvent cependant assez facilement être réduits par des mécanismes compensateurs, qui ne retirent pas pour autant son intérêt au système.

Quant au « petit risque » qui représente environ 30 % des dépenses de santé, il est pour l'essentiel constitué de dépenses d'un montant unitaire relativement faible qui par leur taille et leur dispersion dans le temps pourraient relever de la technique de l'assurance. C'est pourquoi il me semble possible d'envisager pour le couvrir un système d'assurance qui serait fourni par le marché, à l'image de ce qui se passe pour l'automobile. A la différence près cependant que si chacun d'entre nous n'est pas obligé d'avoir une automobile, les plus défavorisés doivent, en tout état de cause, avoir les moyens de se soigner. Pour éviter que leurs moyens limités ne les conduisent à une sous-assurance, on pourrait, comme l'a d'ailleurs proposé le rapport Nora, instituer une aide personnalisée à la santé bâtie sur le même modèle que l'aide personnalisée au logement. Le marché fournirait l'assurance, et la collectivité une aide aux plus défavorisés pour qu'ils puissent en supporter le coût. Ce système permet d'introduire la solidarité nécessaire à l'égard des plus défavorisés dans un domaine où la couverture du risque ne doit pas dépendre du niveau de revenus de celui qui en est la victime. En outre, le jeu de la concurrence permettrait, comme ailleurs, de faire baisser le coût de l'assurance, et donc d'alléger les charges globales.

Reste le secteur hospitalier. Il représente 60 % des dépenses totales de l'assurance maladie et celles-ci bénéficient à 10 % de la population. La nature même des risques ainsi couverts exclut que l'on puisse, pour modérer la progression des dépenses, avoir recours au système de l'assurance. La seule véritable solution est d'agir sur les coûts de fonctionnement des hôpitaux en responsabilisant les médecins, les personnels et les malades.

Je pense en effet que, dans le système actuel, les responsabilités ne sont en effet pas assez clairement définies. Les représentants des collectivités locales président les conseils d'administration, sans avoir d'influence réelle sur la gestion. Le directeur exécute le budget sans avoir d'autorité sur les médecins. Ceux-ci ont la responsabilité « médicale » de leurs services, mais ne sont soumis à aucune véritable tutelle financière. L'autorité de tutelle, quant à elle, est trop éloignée de la gestion quotidienne de l'hôpital pour en cerner avec précision les problèmes.

Pour remédier à ces difficultés, qui se traduisent par une absence de maîtrise des coûts, quatre mesures pourraient être envisagées :

— une association plus étroite du corps médical à la gestion. C'est un système que j'ai mis en place dans ma commune et qui nous a permis de ramener de 23 à 16 % le rythme de progression des dépenses sans modification de la qualité de service ;

— une plus grande responsabilité financière des collectivités locales qui assurent d'ailleurs la présidence des hôpitaux, assortie naturellement d'une plus grande autorité sur la gestion ;

— une véritable responsabilité du directeur qui devrait progressivement se rapprocher dans sa fonction des P.-D.G. des entreprises privées ;

— le rétablissement d'un véritable compte d'exploitation

et un aménagement du système de prix de journée qui n'incite pas à un maintien prolongé de certains patients en milieu hospitalier. Il faut que le nombre de lits et les effectifs d'un hôpital s'adaptent à la demande, et non que celle-ci soit artificiellement entretenue pour maintenir une infrastructure qui peut parfois être trop lourde.

Ces quatre mesures sont en outre parfaitement conciliables avec la volonté d'établir des négociations tarifaires directes entre des caisses d'assurance maladie « décentralisées » et les hôpitaux. Elles n'excluent pas la poursuite d'une politique de maintien à domicile des patients qui humainement, socialement et économiquement se justifie dans de nombreux cas.

L'assurance vieillesse : laisser à chacun la possibilité de moduler l'âge de sa retraite, et ne pas obérer le financement des retraites à venir

Le système d'assurance vieillesse est sans aucun doute celui dont l'évolution à moyen terme est la plus préoccupante parce que :

– la France connaissait jusqu'en 1982 une progression démographique telle que le rapport actifs/inactifs continuait de progresser. Les charges nouvelles étaient donc supportées par un nombre croissant de cotisants. A compter de 1983, la tendance s'inverse et le rapport va se dégrader très sensiblement. Les classes nombreuses de l'après-guerre sont déjà entrées sur le marché du travail, et les départs à la retraite se font en revanche de plus en plus importants. Indépendamment de toute mesure d'abaissement de l'âge de la retraite, ce seul facteur contribue donc mathématiquement à faire augmenter le poids des cotisations sur les actifs ;

– l'abaissement de 65 à 60 ans de l'âge de la retraite génère en outre des surcoûts considérables qui ne sont pas immédiatement perceptibles. Un calcul simpliste le montre : jusqu'à la fin des années 1970, l'âge moyen d'entrée sur le marché du travail était de 17 ans environ. Les salariés cotisaient donc pendant environ 65 — 17 = 48 ans. L'espérance de vie moyenne étant de 70 ans, les retraites étaient versées pendant 5 ans. Le rapport années de retraite/années de cotisations était de 5/48 soit à peu près 0,1 (il faut y ajouter le fait que les cotisants étaient de plus en plus nombreux).

Aujourd'hui, à cause des mesures gouvernementales, l'entrée sur le marché du travail se fait vers 18 ans, la retraite se prend à 60. Il reste 42 années de cotisations. L'espérance de vie étant, par ailleurs, de près de 72 ans, il faut « payer » en moyenne 12 années de retraite. Le rapport années de retraite/années de cotisations passe à 12/42, soit plus de 0,25.

Par ailleurs, le nombre de retraités augmente, celui des cotisants diminue. On a donc, sans vouloir le dire publiquement, multiplié par 2,5 le coût de l'assurance vieillesse. Ceci signifie qu'à terme, si l'on veut maintenir le niveau des prestations, il faudra relever dans des proportions correspondantes le taux des cotisations (ce calcul, bien sûr simplificateur, ne tient pas compte du nombre d'années de cotisations des ayants droit, qui peut leur interdire de prendre une retraite « avantageuse » à 60 ans, ou de l'abaissement de la durée hebdomadaire du travail. Il reflète néanmoins exactement le coût de la réforme dans un système « stabilisé »).

On peut donc s'interroger sur les raisons qui ont conduit le nouveau gouvernement à réaliser l'abaissement de l'âge de la retraite, malgré l'évidence des dépenses considérables qu'une telle mesure va entraîner. Si le but était de diminuer le nombre des demandeurs d'emploi (en libérant des postes de travail, et en faisant entrer dans la catégorie « retraités » les chômeurs âgés par le biais des préretraites), l'échec est flagrant. Toutes les études sérieuses entreprises depuis un an montrent qu'à peine un retraité sur deux est remplacé par un jeune, tant la situation financière des entreprises est dégradée.

Je ne suis pas, par ailleurs, convaincu de l'utilité sociale d'un départ à la retraite fixé de manière uniforme à 60 ans. S'il me semble nécessaire d'en prévoir l'éventualité, en particulier pour les métiers les plus pénibles et certaines catégories de main-d'œuvre, je pense qu'il y a des Français de plus de 60 ans qui ont encore l'envie et le goût de contribuer dans la mesure de leurs moyens à l'effort productif. Il est inhumain de décider qu'un travailleur en bonne santé ne devra plus participer à la vie active de son pays. Où est la liberté ?

En conséquence, le véritable progrès me paraît être d'offrir la possibilité de moduler les départs entre 60 et 70 ans, sans contraindre les individus, et non d'imposer une règle uniforme. J'ajoute que cela procède de la même démarche que celle qui consiste à rechercher un aménagement plus souple du temps de travail hebdomadaire.

L'assurance chômage : accepter la vérité des chiffres, et rechercher une solidarité nouvelle

Du fait de l'élévation rapide du nombre des demandeurs d'emploi et de l'extension des garanties offertes, le coût de l'assurance chômage est celui qui, en cinq ans, a connu la plus forte progression.

A la différence du coût de l'assurance maladie qui connaît une évolution structurelle, à peu près indépendante de la conjoncture, les dépenses d'indemnisation du chômage sont, elles, directement liées à la situation économique. Ce n'est pas parce qu'elles sont aujourd'hui pesantes (les difficultés de l'U.N.E.D.I.C. en témoignent) qu'il faut les remettre en cause, car elles constituent le témoignage du progrès social réalisé depuis cinquante ans. Elles ont par ailleurs un effet économique anticyclique qui permet de limiter les conséquences de la crise et de ne pas en faire porter le poids par les seuls demandeurs d'emploi.

Leur réduction passe par le succès d'une politique économique qui favorise le développement de l'activité productive, et non par une manipulation des chiffres qui ne change rien aux données de fond. Ceci signifie :

— qu'il est illusoire de se targuer d'une amélioration de la situation qui n'est due qu'à la transformation en retraités, ou en étudiants prolongés (seize-dix-huit ans) de demandeurs d'emploi. De la même manière, le recrutement de fonctionnaires ne résout rien, car, comme pour les chômeurs, leur poids est supporté en définitive par le secteur productif. Il faut donc préférer la réalité des chiffres, fussent-ils mauvais, aux mirages nés de leur manipulation ;

— que le vrai problème c'est de faciliter l'embauche, et non d'accélérer les départs. A cet égard l'aménagement ou la suppression des « seuils sociaux » (10, 50, 100 salariés) et la liberté rendue aux entreprises auraient eu plus d'effet, à un coût moindre, que les coûteux contrats de solidarité (il y a, en octobre 1982, 200 000 emplois industriels en moins qu'en mai 1981) ;

— que la solution au problème des jeunes viendra sans doute, comme le pense le gouvernement, d'une amélioration de leur formation professionnelle, mais qu'il faudra que cette formation corresponde aux besoins des entreprises et non aux seuls objectifs de l'Education nationale.

J'ajouterai enfin qu'il est un « remède » qui me paraît particulièrement dangereux et inadapté. Je veux parler du renvoi systématique dans leur pays d'origine des travailleurs immigrés, préconisé par certains.

Ces hommes et ces femmes nous ont aidés dans les années

de croissance, en occupant des postes que les Français refusaient pour la plupart. Le respect le plus élémentaire de la dignité humaine interdit qu'ils soient exclus lorsque la situation se détériore (il ne se trouverait d'ailleurs probablement personne pour accepter leurs emplois).

Il nous faut dans ce domaine faire preuve d'intelligence et de prudence.

— Il est certes possible d'interdire de nouvelles arrivées et d'encourager le retour de ceux qui voudraient repartir, mais il ne saurait y avoir systématiquement « d'incitation musclée » au départ. Il y va de notre conception de l'homme et de la liberté.

— Nous devons traiter en priorité le problème de la seconde génération, c'est-à-dire celui des enfants d'immigrés, tiraillés entre deux cultures et deux univers qu'ils connaissent mal, la plupart du temps dénués de toute formation professionnelle. Ces jeunes forment une grande part des exclus d'aujourd'hui, ils ne comprendraient pas que nous les rejetions ou les ignorions (la violence dans certaines banlieues montre d'ailleurs jusqu'à quelles conséquences tragiques peut conduire le sentiment d'exclusion).

A l'évidence, la crise nous conduit à reconsidérer les objectifs que doit avoir notre système de protection sociale.

Trente années de prospérité en ont fait une mécanique difficilement gérable, et dont on ne mesure plus exactement les effets, si on en ressent le poids toujours plus lourd.

S'il est temps de s'interroger sur le moyen d'améliorer ce système, je ne crois pas qu'il faille fondamentalement le remettre en cause.

Notre objectif doit être d'en renforcer l'efficacité, en accroissant la responsabilité individuelle de tous ceux qui y participent.

Un des moyens d'y parvenir est de réduire le montant des

transferts, sans modifier la redistribution réelle qu'ils réalisent aujourd'hui.

Nous devons nous garder de choisir la voie du démantèlement, car laisser les plus défavorisés sans assistance et sans garanties serait la marque d'un égoïsme social peu compatible avec l'image de liberté et de tolérance que nous voulons donner de nous-mêmes.

Ce n'est pas parce que, dans la jungle, chacun est « libre » que la jungle est une société de liberté. Le respect des droits de chacun suppose que tous se plient à certaines règles.

5.

Trouver le chemin d'un renouveau européen

Il y a plus de quarante ans, Paul Valéry écrivait : « L'Europe n'a pas eu la politique de sa pensée. »

Force est de constater, hélas ! que cette maxime était prémonitoire.

A l'enthousiasme de la création européenne de l'après-guerre, scellée d'une part par le désir de réconciliation de deux peuples et d'autre part par l'entente de deux géants de l'histoire, de Gaulle et Adenauer, a succédé l'enlisement d'une routine bureaucratique.

L'Europe n'a pas d'idées, elle n'a plus d'idéal, il ne lui reste plus guère que des fonctionnaires et des subventions.

La jeunesse, en particulier allemande, qui s'était dans les années de l'après-guerre tournée avec enthousiasme vers l'idée européenne parce qu'elle y voyait le signe d'un avenir pacifique et riche de promesse, est aujourd'hui déçue et se tourne vers des idées qui, pour être d'inspiration généreuse, n'en sont pas moins radicales et parfois dangereuses (le pacifisme par exemple).

La politique agricole commune, le système monétaire européen, l'élection de l'Assemblée au suffrage universel sont des réussites techniques et administratives incontestables.

Elles manquent cependant, sauf peut-être pour le S.M.E., du souffle qui anime les grands projets.

Aujourd'hui, les Européens n'entendent plus parler de l'Europe qu'au travers des interminables conférences de Bruxelles, quelle qu'en soit l'utilité, qui ressemblent davantage à la discussion des marchands du temple, qu'à la mise en œuvre d'un projet commun.

La déception de nos concitoyens, et en particulier des jeunes, vient sans doute de ce qu'au moment précisément où la crise lui donnait l'occasion de chercher une réponse commune aux problèmes de chacun, l'Europe a préféré se diviser et se replier sur ses égoïsmes.

Je partage cette déception et cette inquiétude : le monde est en train de connaître des bouleversements sans précédent qui, insensiblement, déplacent son centre de gravité vers la zone Pacifique. Nos querelles internes sont ridicules et dangereuses si l'on considère l'ampleur de la partie qui se joue sous nos yeux.

Nos différences sont minimes au regard de ce qui nous sépare des puissances qui émergent. Nous avons la même histoire, la même culture, un territoire assez homogène. Si nous ne trouvons pas le moyen de construire ensemble notre avenir, notre influence décroîtra peu à peu, comme par le passé certains grands empires se sont disloqués sous les coups de boutoir des séparatismes et de quelques grands féodaux. Pourtant, je suis convaincu que nous pouvons échapper à ce déclin. Parce que précisément les politiques « autarciques » ont montré qu'elles n'apportaient pas de solution satisfaisante à la crise, il existe aujourd'hui une chance de renouveau de l'idée européenne.

Il faut, si nous voulons la saisir, abandonner un rêve et choisir quelques objectifs précis.

Le rêve à abandonner c'est celui d'une Europe à quatorze

ou quinze partenaires. L'entrée de la Grande-Bretagne dans la Communauté l'a déjà insensiblement fait évoluer vers une zone de libre échange plutôt que vers la réalisation d'une véritable union « politique ».

Je pense qu'il aurait été préférable d'approfondir à six les efforts communs sur quelques grands projets ou quelques symboles, plutôt que de rechercher systématiquement l'accroissement du nombre des partenaires. Qu'on le veuille ou non, et quels que soient les indéniables attraits de ces pays, nous n'avons que peu de choses en commun avec la Grèce ou le Portugal. Autant le développement de nos échanges économiques avec eux me semble souhaitable, autant il me semble illusoire de croire que nous pourrons ensemble approfondir des projets plus « politiques ».

C'est une des raisons pour lesquelles il ne faut plus, à mon sens, exclure l'idée d'une Europe à deux vitesses (qui existe d'ailleurs partiellement dans les faits puisque certains partenaires ne participent pas au S.M.E.). La relance me paraît d'autant plus urgente que la République fédérale, si elle ne trouve pas un puissant aimant qui l'attire vers le Sud et l'Ouest, sera naturellement tentée, par son histoire et sa position géographique, de se rapprocher de ses autres voisins, et en particulier de l'Allemagne de l'Est. Il ne s'agit pas là d'une hypothèse absurde, le slogan des pacifistes « *Lieber rot als tot* » (Plutôt rouge que mort) le montre.

Les objectifs sur lesquels une Europe à deux vitesses pourrait se fixer ne manquent pas. Cinq d'entre eux méritent une attention particulière.

L'approfondissement du système monétaire européen

Le S.M.E. est la grande réussite européenne des vingt dernières années. Son renforcement montrerait que nous sommes décidés à avoir une attitude commune face à l'évolution de la situation économique.

Il ne sera cependant possible, et durable, que si les politiques menées chez les différents partenaires manifestent un certain nombre de convergences, et lorsque les différentiels d'inflation auront été durablement réduits.

Cela suppose que la France, comme ses voisins, mène une politique de résorption des déficits publics. Ne pas le faire, et avoir un taux d'inflation plus élevé que les autres nous condamnerait en effet, soit à être la monnaie faible du S.M.E. et à dévaluer périodiquement, soit à ne pouvoir nous maintenir dans ce système.

La définition d'initiatives extérieures coordonnées, en particulier à l'égard des pays du tiers monde

La France, qui a une tradition et une vocation particulières à la conduite du dialogue Nord-Sud pourrait être à l'origine d'une politique européenne dans ce domaine. De nombreux Etats n'ont pas trouvé auprès des superpuissances les partenaires qu'ils espéraient, ou veulent conserver une certaine indépendance dans le choix de leurs alliés. L'Europe est en mesure, si elle en a la volonté, de fournir à ces pays les hommes et les moyens nécessaires à la réussite de leur développement. Les séquelles de la décolonisation ont disparu, et de nombreux responsables accepteraient d'être soutenus dans leurs efforts. Dans cette perspective, nous pourrions aider ces pays à :

— explorer et exploiter les ressources de leur sous-sol qui leur fourniront les ressources financières nécessaires à la croissance ;

— atteindre l'autosuffisance alimentaire en développant l'infrastructure agricole, pour supprimer les importations de denrées, ruineuses pour une économie faible ;

— financer des investissements de désenclavement pour ceux qui sont pénalisés par l'absence d'accès à la mer.

J'avais avancé cette hypothèse d'un « plan Marshall » des Européens à l'égard du tiers monde, lorsque j'étais président du Comité du Fonds monétaire international et Maurice Laure, de son côté, lorsqu'il était président de la Société générale, avait été dans le même sens.

Nos partenaires de ces pays étaient d'ailleurs très séduits par cette idée et très demandeurs. Ce n'est qu'au prix d'une plus grande solidarité à l'égard de nations longtemps exclues des privilèges de la croissance que l'Europe et la France pourront conserver une audience sur la scène internationale. Les superpuissances ont tendance à raisonner en termes de stratégie. Ayant choisi notre camp sans équivoque, nous devons savoir parler le langage de la solidarité.

Il va sans dire, pour que la réussite soit totale, qu'une certaine logistique humaine devrait accompagner ces investissements en attendant la formation complète des hommes de ce pays, mais quel bel idéal pour nos jeunes !

La recherche d'une meilleure organisation de la défense européenne

Il ne faut pas se bercer d'illusions. Nous savons d'où peut venir le danger, et nous savons aussi que nous serions tous entraînés dans un conflit qui, à l'origine, ne concernerait que l'un d'entre nous. Notre intérêt est donc d'unir nos efforts pour faire face à une éventuelle menace. Ceci renforce notre crédibilité et accroît notre efficacité. Il me semble absurde, puisque le problème de défense se pose à l'échelle européenne, que nos matériels militaires ne soient pas davantage standardisés et construits en commun. Les voitures de tourisme ont de plus en plus de pièces communes, pourquoi n'en irait-il pas de même pour nos chars et nos avions ? Amorcée sous de bons augures avec la construction en commun du Transall C 160 et des missiles Milan, cette coopération est aujourd'hui mise en péril par la réduction des crédits militaires. Je le regrette d'autant plus que je considère, qu'il s'agisse d'armes classiques ou nucléaires, que la dissuasion n'a d'effet que pour autant que la démonstration de force est réelle.

La mise en œuvre d'une politique « technologique » commune

Elle concernerait à la fois les énergies nouvelles et le développement de l'informatique et de la robotique. Pour faire face à la concurrence américaine ou japonaise, les firmes européennes sont aujourd'hui faibles et isolées. Les marchés en cause sont des marchés mondiaux. La définition de politiques nationales (à l'image du « plan Calcul ») est insuffisante. Il faut ici aussi coordonner nos efforts car nos firmes ne seront viables qu'au-delà d'une « taille critique ». Chacun des partenaires européens possède une avance technologique dans un domaine particulier (la France avec le nucléaire et la télématique, l'Allemagne avec la machine-outil). Il faut réunir ses avantages pour les valoriser, comme après le traité de Rome nous avons su ouvrir nos frontières à nos partenaires pour développer nos entreprises.

L'orientation de la politique agricole commune

Elle doit prendre en compte le développement des exportations qui permettront de rééquilibrer nos balances de paiements. Dans un monde où les besoins alimentaires croissent, l'agro-alimentaire est un « secteur porteur », l'Europe, favorisée par son climat et le niveau de mécanisation de son agriculture, doit pouvoir satisfaire une part importante des besoins.

Ces indications sont bien sûr schématiques ; elles n'en constituent pas moins quelques voies de relance de la construction européenne.

Encore une fois, à l'échelle de la planète, nos dissensions sont des querelles de clocher. Ce qui nous guette, si nous restons divisés, ce n'est pas de voir une nation européenne obtenir une quelconque « suprématie », c'est de voir l'Europe s'affaiblir et décliner.

CONCLUSION

Les nations aussi ont leurs cimetières d'éléphants

Les pages qui précèdent sont le fruit de mes réflexions depuis que, déchargé de mes responsabilités ministérielles, j'ai retrouvé le temps d'examiner plus sereinement l'évolution de notre situation.

Quelle que soit leur imperfection, je voudrais qu'elles aient montré l'importance que revêtent pour moi les dernières années de notre décennie.

Le centre de gravité du monde se déplace peu à peu, et s'éloigne des vieilles nations industrielles. Celles-ci, pour éviter le déclin, doivent trouver dans leurs hommes, et dans l'utilisation de technologies de pointe des ressources nouvelles. Si le rééquilibrage est inévitable, le déclin n'est pas irréversible. Il faut pour cela que nous sachions ce que nous voulons défendre. Ce qui motive un peuple c'est un but à atteindre. En revanche, il décline et disparaît parfois lorsque, perdant de vue l'objectif qu'il s'était fixé (la liberté par exemple), il se concentre sur les moyens d'y parvenir (richesse, croissance). Nous avons, depuis trente ans, accumulé des progrès et de la croissance pour renforcer notre puissance et accroître notre liberté. Aujourd'hui l'accumulation est difficile et nous doutons de son but.

Les nations aussi ont leurs cimetières d'éléphants où dorment celles qui, ayant un jour perdu leur ressort le plus profond, ont capitulé. Notre pays n'y est pas condamné. Parce qu'elle a à défendre une culture parmi les plus riches au monde, une image de la liberté, une vision de l'homme, la France doit refuser le découragement et se saisir de son avenir.

Elle y parviendra si elle ne le met ni entre les mains d'un Etat tout-puissant ni entre celles d'idéologies démodées.

Son histoire est marquée par les solutions qu'elle a toujours trouvées dans la difficulté.

Aujourd'hui, la pente devant nous est ardue, et nous sommes seuls, pour la monter... ou la descendre.

ANNEXES

NOTE DE L'EDITEUR. Pour compléter cet ouvrage, il nous a paru utile de publier ici :

- Une note de René Monory sur le rôle du Sénat, si important aujourd'hui.
- Quelques discours ayant jalonné son action politique.
- Une note adressée par le ministre de l'Economie au président Valéry Giscard d'Estaing, à la date du 13 mars 1981 et qui, à la lumière des événements actuels, se révèle sur plusieurs points prophétique.

Le rôle du Sénat

Jamais le rôle du Sénat sous la République n'aura été aussi important qu'après le changement politique intervenu en mai et juin 1981. Il n'est sans doute pas indifférent de noter que les nouveaux dirigeants du pays, le président de la République en tête, le ministre d'Etat, ministre de l'Intérieur et de la Décentralisation ensuite, ont trouvé à l'aube de la Vᵉ République quelque réconfort à venir siéger sur les bancs du Palais du Luxembourg.

Autre motif d'intérêt : la majorité sénatoriale qui ne coïncide pas avec la majorité de l'Assemblée nationale a un rôle difficile qui consiste à trouver le juste milieu entre l'opposition systématique, type mettre des bâtons dans toutes les roues et l'approbation inconditionnelle qui n'a jamais été son fait même sous le précédent septennat. Faire comprendre à la majorité et au gouvernement en place, que les rêves les plus généreux doivent tenir compte des réalités les plus évidentes n'est pas forcément une tâche facile comme il n'est pas spécialement commode de faire comprendre que les contraintes économiques sont de nature à ne pas permettre toutes les audaces sociales.

Ces constatations étant faites, il est également évident que le rôle du Sénat a été confirmé magistralement par le peuple en 1969 et il est bon que tous les gouvernements s'en rappellent.

D'ailleurs grâce à un homme comme Michel Debré, le général de Gaulle, dans la Constitution de 1958, avait donné au Sénat un rôle accru et ce rôle accru tenait un compte juste du poids pris par le Conseil de la République sous la IVe République. Le président, Alain Poher, a su avec sa patience et son sens inné de l'équilibre politique, à la fois, tirer toutes les conséquences des dispositions constitutionnelles initiales de 1958 et du verdict populaire d'avril 1969 confortant le Sénat, tout en restant dans les limites exactes que la Constitution a assignées à la Haute Assemblée.

Son mode d'élection enfin est une garantie d'équilibre et de qualité. Je regrette souvent qu'actuellement les commissions mixtes paritaires, députés, sénateurs, n'aboutissent pas à cause de l'intransigeance des députés socialo-communistes.

La légitimité conférée à l'Assemblée par le vote de juin 1981 est tout aussi grande pour le Sénat soumis à réélection par tiers tous les trois ans. Que dirions-nous alors de la légitimité des institutions si nous suivions le même raisonnement lorsque les sondages seront inférieurs nettement à 50 %, ou que toutes les élections intermédiaires ou partielles seront gagnées par l'opposition ? C'est pourquoi il me paraît urgent de trouver le plus rapidement un équilibre entre les deux assemblées, faute de quoi l'orientation actuelle qui ne prend en compte que le travail de l'Assemblée nationale trahit l'esprit constitutionnel.

En conclusion, les gouvernements ont une fâcheuse tendance à atténuer le rôle des deux assemblées. Soit ils demandent au Parlement d'approuver sans réserve les propositions gouvernementales, soit l'Elysée ou Matignon reçoivent régulièrement les différents corps socio-professionnels et traitent directement avec eux (mauvaise habitude officialisée en 1968) et dans ce cas court-circuitent totalement le Parlement. Le résultat est que les revendications à court terme reçoivent satisfaction, compromettant à terme l'avenir du pays. Il est temps qu'un Parlement responsable, sachant résister aux pressions journalières, retrouve la véritable place que lui avait conférée la Constitution.

Conférence des Nations-unies sur le commerce et le développement

Manille, 8 mai 1979

La France exerce présentement la Présidence du Conseil de la Communauté économique européenne et, c'est donc au nom de la Communauté et au nom de mon Gouvernement que j'ai l'honneur de prendre aujourd'hui la parole devant vous, à l'occasion de cette Vᵉ session de notre Conférence qui, pour la seconde fois, je le constate, peut se tenir dans un grand pays d'Asie, grâce à l'accueil efficace, amical et chaleureux que nous ont offert le président Marcos et le peuple philippin.

Permettez-moi, Monsieur le Président, de vous demander, avec mes salutations personnelles à votre adresse, de bien vouloir transmettre à votre Gouvernement, les vœux que forment mon pays, la France, et les Etats de Communauté Economique Européenne pour le bien-être et la prospérité de votre pays et du peuple philippin.

Je m'exprimerai tout d'abord au nom de la Communauté économique européenne.

L'exercice d'une Présidence est toujours un honneur et un privilège, mais c'est aussi, parfois, une importante responsabilité. Ce qui me paraît être le cas aujourd'hui alors que, en ce premier semestre 1979, au sein même de notre organisation, d'importantes négociations ont eu lieu, ou se poursuivent — je pense au Fonds commun et aux accords de produits, thèmes centraux des discussions nord-sud — et que se tient, sorte de point d'orgue traditionnel à nos travaux, notre V^{e} conférence ministérielle.

Il nous faut aujourd'hui considérer le chemin parcouru depuis Nairobi, et vous me permettrez de rappeler le rôle que la Communauté européenne a joué dans les progrès qu'ensemble nous avons accomplis. Je voudrais ensuite rappeler l'intérêt que nous avons toujours porté et la volonté que nous entendons mobiliser pour l'avenir à la mise en pratique de notre interdépendance, et de la coopération accrue entre nos pays qu'elle exige.

1. Le bilan

Trois années ont passé depuis notre dernière rencontre à Nairobi. Ces années ont été riches en négociations. Certains considèrent que le rythme de ces négociations et les résultats obtenus ne sont pas à la mesure de l'acuité des problèmes. Pour ma part, je nuancerai un tel propos : le bilan apparaît loin d'être négatif.

Deux thèmes étaient au centre de nos débats à Nairobi : le programme intégré et l'endettement. J'ajouterai à ces deux rubriques le problème plus général des transferts de ressources en liaison avec l'élaboration de la Troisième stratégie internationale de développement.

• Le programme intégré des produits de base

Avec l'adoption du Programme intégré, la IVe CNUCED avait enregistré un résultat de la première importance. Les réticences qui, à cette époque, s'étaient manifestées à ce que l'on considérait comme une organisation trop systématique des marchés internationaux ont été depuis totalement surmontées.

Dès juin 1977, lors de la Conférence de Paris, le principe de la création d'un fonds commun était accepté par tous les groupes de pays.

En mars 1978, à Genève, l'accord se faisait sur les objectifs et la structure financière de ce fonds commun. Aujourd'hui, il nous reste à rédiger les Statuts.

Le bilan est moins positif en ce qui concerne la conclusion d'accord de produits, mais nous devons être optimistes. Au cours des prochains mois, les travaux sur l'organisation des marchés devraient connaître une impulsion nouvelle notamment grâce à la mise en place du fonds commun.

• L'endettement

La question de l'endettement des pays en développement a également retenu toute l'attention des pays de la Communauté.

Lors de la Conférence sur la Coopération économique internationale, la Communauté a déposé, avec les Etats-Unis, un texte qui contribua de manière très constructive, à l'élaboration « d'éléments communs » destinés à inspirer le déroulement des futures négociations de dettes.

C'est également lors de cette même Conférence que les représentants des pays industrialisés, reprenant une suggestion communautaire, se sont mis d'accord sur le principe d'une « action spéciale » en faveur des pays en développement les plus pauvres. Le montant en fut fixé à un milliard de dollars. La CEE a contribué pour sa part, à cette action pour 385 millions de dollars, aujourd'hui totalement versés à un compte spécial de l'Agence internationale pour le développement. Je rappelle que cette contribution constitue en totalité un transfert de ressources additionnel pour les pays de la Communauté.

Le dialogue s'est aussi poursuivi au sein du Conseil du commerce et du développement. En mars 1978, une résolution a été adoptée en vertu de laquelle les pays développés se sont engagés à réajuster, par l'octroi de conditions plus favorables, les dettes des pays en développement ou à défaut, à prendre des mesures d'effet équivalent.

Tous les pays de la Communauté européenne ont annoncé leur intention de mettre en œuvre cette résolution, en engageant officiellement les procédures internes nécessaires à son application. Des mesures substantielles d'allègement de dette publique en faveur d'un certain nombre de pays en développement et, en particulier, en faveur de ceux considérés comme les « pays les moins avancés », catégorie expressément mentionnée dans la résolution, devraient donc intervenir.

Je rappelle par ailleurs que des progrès sensibles ont été enregistrés dans l'élaboration des orientations destinées à régir les futures opérations d'aménagement de dettes.

• Les transferts de ressources et l'élaboration de la troisième stratégie internationale du développement

Le bilan que nous sommes amenés à faire en matière de transfert de ressources est moins satisfaisant, il faut bien le reconnaître.

Comme d'autres pays industrialisés, la plupart des Etats membres de la Communauté ne sont pas parvenus, du fait de la conjoncture économique et budgétaire très difficile que presque tous ont connue, à atteindre ou à approcher sensiblement l'objectif d'une aide publique au développement représentant 0,7 % du P.N.B.

Je voudrais toutefois souligner que dans un contexte général de quasi-stagnation de leur P.N.B., les Etats membres ont malgré tout, individuellement et collectivement poursuivi leurs efforts pour maintenir le flux des transferts publics et privés vers le tiers monde. Après avoir récemment accepté d'importants engagements dans le cadre du fonds commun, ils participent actuellement de façon constructive, aux discussions sur la VIe Reconstitution des ressources de l'A.I.D. et sur l'augmentation du capital de la Banque mondiale.

En fait, en matière de transfert de ressources, il apparaît clairement que nous n'avons pas encore trouvé les méthodes les plus appropriées pour assurer une meilleure satisfaction des besoins de financement des pays en développement.

L'élaboration de la troisième stratégie internationale du développement et la préparation de l'assemblée générale extraordinaire des

Nations-unies, qui doit se tenir en 1980, vont être autant d'occasions d'approfondir notre réflexion. Au nom des pays de la Communauté, je peux vous dire, aujourd'hui, que nous entendons contribuer de la façon la plus positive qui soit, à cette réflexion.

Nous pensons aussi que la CNUCED doit y apporter son expérience propre afin que soient clarifiés les objectifs, défini le « faisceau des engagements » de tous et précisés le rôle et les responsabilités incombant à chaque catégorie de pays.

2. L'interdépendance

La volonté qui nous anime tous de promouvoir entre nous des relations plus équilibrées trouve son fondement dans la conviction qu'il existe une interdépendance qui lie nos destins. Certes, des divergences conceptuelles nous séparent encore sur cette notion, somme toute récente, de l'interdépendance, mais je suis convaincu qu'il y a là un thème de réflexion prometteur, à partir duquel d'importants progrès pourraient être accomplis pour assurer le développement de toutes les nations dans le monde.

La Communauté, vous le savez, a depuis longtemps fondé son action en matière de développement sur la conviction qu'il existe entre nous une commune et nécessaire solidarité. J'illustrerai mon propos à partir de trois exemples où l'expérience de la Communauté me paraît riche d'enseignement :

— la coopération régionale ;
— la libéralisation des échanges ;
— la recherche de la stabilité monétaire.

A. Le développement de la coopération régionale

Des facteurs historiques et culturels ont incité la Communauté à nouer, dès sa création, avec 18 Etats africains et malgache, puis, à partir de 1975, avec 57 Etats d'Afrique, des Caraïbes et du Pacifique, des relations très étroites. Celles-ci apparaissent, dans le domaine commercial et financier, comme exemplaires de ce que l'on peut réaliser dès lors que la volonté politique de réussir anime les uns et les autres.

L'ampleur et l'esprit d'innovation qui caractérisent cette coopération n'ont pas été assez soulignés à mon sens.

Qu'il me suffise de rappeler que l'effort financier consenti par les Neuf dans le cadre de la Convention de Lomé représente un transfert de 4 300 millions de dollars et que le système Stabex est, au niveau régional, une tentative originale de compensation des fluctuations de recettes des produits de base.

Sans doute la coopération établie par la Convention de Lomé ne s'applique-t-elle qu'entre un nombre réduit de pays. Notons toutefois que parmi eux figurent plus des 2/3 des pays considérés comme les moins avancés.

La Communauté a aussi étendu et diversifié les instruments de sa coopération avec d'autres zones régionales du tiers monde.

Pour des raisons évidentes de proximité géographique, d'ancienneté des relations économiques, elle l'a fait d'abord avec les Etats de la zone méditerranéenne.

Puis, ce fut avec les pays latino-américains et, enfin, récemment, avec les Etats de cette région du monde, regroupés dans l'Association des Nations du Sud-Est asiatique.

L'ensemble de ces actions en direction du tiers monde ont représenté en 1978 un total de 800 millions de dollars en versements et 1 200 millions de dollars en engagements.

B. La libéralisation des échanges

La politique d'ouverture des marchés pratiquée par la Communauté européenne se rattache également au concept d'interdépendance.

Premier importateur mondial, la Communauté constitue le premier marché pour l'ensemble des pays en développement non producteurs de pétrole. Malgré la crise économique qu'elle traverse — la plus grande depuis l'entre-deux-guerres — la Communauté n'a cessé d'accroître ses importations hors pétrole en provenance des pays en voie de développement et particulièrement les importations de produits manufacturés dont le rythme d'accroissement est de 30 % par an depuis 1972.

Vous le savez, une bonne part de ces importations bénéficie du système des préférences généralisées (SPG). Celui-ci a été d'ailleurs substantiellement amélioré en 1979 au bénéfice des pays les moins avancés par l'octroi d'une franchise tarifaire pour la majeure partie de leurs exportations de produits manufacturés. Quant aux importations non couvertes par le SPG ou par des accords préférentiels spécifiques, je rappellerai qu'elles sont soumises à un tarif douanier les plus modérés qui soient.

Certains ont tiré prétexte des accords négociés par la CEE dans le secteur des textiles pour l'accuser de protectionnisme. Je voudrais être, sur ce point, particulièrement compris. Loin d'être la voie du protectionnisme, la voie choisie par la CEE a été sage.

L'industrie textile de la CEE traverse une crise grave, perceptible par le fait que plusieurs dizaines de milliers de salariés ont perdu leur emploi au cours des dernières années.

Pour remédier à cette situation, deux séries de mesures ont été prises, complémentaires entre elles — j'insiste sur ce point — : les unes visent, après la brutale croissance observée en 1977, à maîtriser l'évolution des importations de la Communauté ; les autres visent à aménager les structures du secteur textile européen, de telle sorte que les échanges puissent, à l'avenir, se développer harmonieusement.

La voie choisie a été celle de la négociation, ce fut aussi celle de la vraie coopération : les niveaux d'échanges convenus permettent aux pays fournisseurs de continuer à développer leur production en se référant à la capacité effective d'absorption du marché communautaire au cours des prochaines années.

Le même esprit de coopération a guidé la Communauté tout au cours des négociations commerciales multilatérales.

Conformément à la Déclaration de Tokyo et afin que les pays en développement participent davantage encore au commerce mondial, la Communauté a obtenu que des éléments de traitement spécial et différencié soient introduits chaque fois que cela était possible et approprié. Bien évidemment, il devrait être entendu qu'au fur et à mesure où cette intégration dans le commerce mondial se réalise, au fur et à mesure où un certain stade d'industrialisation est atteint et où est acquise une réelle capacité exportatrice, les règles communes du GATT doivent être graduellement acceptées.

Au moment où s'achèvent ces négociations multilatérales, chaque pays s'interroge légitimement sur les profits qu'il en escompte.

Tout naturellement, nous avons tendance, les uns et les autres — parce que nous connaissons les difficultés que nous avons rencontrées pour consentir certaines concessions — à considérer que nous avons offert beaucoup sans être entièrement payés de retour. Les résultats d'une négociation ne sont jamais, à priori, entièrement satisfaisants pour personne et il est fatal qu'il en soit ainsi puisqu'ils représentent un compromis entre des intérêts au départ assez divergents. L'expérience prouve, néanmoins, que tout ce qui conduit à consolider l'expansion des échanges internationaux est bénéfique pour la Communauté internationale dans son ensemble, et je crois que c'est le cas de ces négociations.

Nombre des pays en développement paraissent, sur ce point, faire preuve, présentement, de beaucoup de pessimisme.

Une telle attitude présente de grands risques, non seulement parce que, mésestimant les efforts que nous avons déployés pour définir un traitement spécial et différencié, elle provoque un certain découragement mais, surtout, parce qu'elle peut conduire ces pays à ne pas vouloir.

Ces codes, qui constituent l'acquis le plus original des négociations, seront ce que nous les ferons. Nous avons prévu que certains d'entre eux seraient revus à la lumière de l'expérience, et je le rappelle, le GATT, par ses traditions pragmatiques, fait autant de place à l'usage qu'à la lettre des textes.

Le meilleur moyen pour les pays en développement de faire reconnaître leurs points de vue et prévaloir leurs intérêts est donc d'y participer activement et je ne saurais trop les y encourager.

C. La recherche de la stabilité monétaire

Dans le domaine monétaire, l'interdépendance de nos économies, de notre développement et de notre croissance est manifeste.

Les pays de la CEE, peut-être parce qu'ils ont déjà souffert dans leur effort de construction de leur Communauté des effets de l'instabilité entendent manifester leur attachement particulier à toute politique visant à promouvoir la stabilité du système monétaire international.

Sans elle, comment d'ailleurs fonder et réussir un programme de développement ?

L'instauration du système monétaire européen (SME) doit, à cet égard, être considérée comme une contribution essentielle à un meilleur équilibre du système monétaire international.

Les monnaies d'un ensemble de pays qui constituent la première puissance commerciale du monde, sont désormais liées entre elles, par des taux de change stabilisés. La situation économique globale de la Communauté devrait s'en trouver raffermie du fait notamment des perspectives positives qui s'ouvriront aux investisseurs. Dans le jeu de l'interdépendance de nos économies, les effets bénéfiques devraient ensuite s'étendre aux échanges et niveau des prix internationaux.

C'est ce point qu'ont souligné les chefs d'Etat et le gouvernement réunis en Conseil européen le 5 décembre 1978 lorsqu'ils ont déclaré : « Le système monétaire européen devrait avoir un effet stabilisateur sur les relations économiques et monétaires internationales ; il sera donc conforme aux intérêts des pays industrialisés aussi bien qu'à ceux des pays en développement. »

Pour conclure, je souhaiterais que nous nous gardions les uns les autres, soit de l'auto-satisfaction, soit de la critique systématique.

Certes, nous n'avons pas fait de miracles en trois ans, mais des progrès sensibles ont été accomplis.

Le dialogue doit se poursuivre.

Notre tâche d'aujourd'hui, tout au cours de cette session, est de consolider l'acquis enregistré et de chercher à le compléter, notamment à partir d'un approfondissement du concept d'interdépendance des économies.

Du fait des liens séculaires qu'elle a noués avec le monde en développement, avec des pays dont l'histoire l'avait rapprochée, la Communauté européenne des Neuf a toujours fait preuve d'une sensibilité particulière aux thèmes abordés dans le dialogue nord-sud.

Soyez assuré que cette sensibilité demeure.

La Communauté qui fut la terre où sont nés les conflits mondiaux de la première moitié du siècle, se veut porteuse, dans cette seconde moitié du XXe siècle, d'un message de dialogue et de conciliation.

Je puis vous assurer qu'il ne sera jamais fait appel en vain à elle quand il s'agira d'œuvrer pour l'établissement de relations solides et équitables entre toutes les nations.

Je souhaiterais, maintenant, dire quelques mots au nom de mon pays.

La France, chacun de vous le sait, a toujours témoigné d'un intérêt et d'une sensibilité particulière pour les problèmes du développement. Mon pays, qui avait pris l'initiative de la Conférence de Paris sur la Coopération économique internationale, est ouvert aux préoccupations de la présente CNUCED. Il ne doute pas que nos travaux constitueront une utile contribution pour assurer le développement économique dans le monde, sans lequel la liberté et l'indépendance de chacun d'entre nous ne peuvent être solidement fondées.

Comme le déclarait déjà en 1964 le président Giscard d'Estaing, alors président de la délégation française à Genève : « L'enjeu de cette Conférence est celui d'un grand espoir. »

Puissions-nous ne pas décevoir !

Je souhaiterais centrer mon propos sur quelques-unes des implications concrètes qu'à mes yeux, une approche positive de la notion d'interdépendance entraîne dans le jeu des relations nord-sud.

Pendant longtemps les relations entre nos pays ont relevé exclusivement de ce que l'on appelait « la coopération au développement », expression qui traduit une nécessité morale louable mais aussi une différence telle dans les situations objectives que le jeu des influences réciproques en est déséquilibré.

Aujourd'hui, cette vision paraît en bonne part, et à bien des égards, dépassée. Le monde en développement pris globalement et certains pays du Sud, pris individuellement, sont devenus de véritables partenaires ; la sphère des intérêts communs s'est considérablement élargie ; la conscience de notre interdépendance est devenue plus aiguë.

En fait, l'expression de notre nécessaire solidarité passe désormais non pas par la reconnaissance de nouveaux principes mais par l'adoption de nouveaux comportements.

Ceux-ci doivent naître de la conviction que, dans nombre d'entreprises, nous avons des intérêts communs ; ils doivent aussi, par la reconnaissance des contraintes subies par les partenaires, inciter chacun à accepter la part des responsabilités qui lui incombent.

1. *La promotion des entreprises mutuellement bénéfiques*

Les domaines où nous pouvons faire preuve d'imagination et d'esprit d'entreprise pour notre plus grand profit mutuel sont divers ; j'en citerai deux à valeur exemplaire.

Le premier est celui des produits de base. Les résultats acquis depuis la Conférence de Nairobi sont inégaux. Comme beaucoup d'autres pays, la France regrette qu'il n'ait pas été possible de conclure un nombre plus important d'accords de produits, mais elle considère cependant que les succès enregistrés au cours des derniers mois sont plus qu'encourageants et doivent nous inciter à poursuivre l'action entreprise depuis trois ans.

Nous avons la ferme conviction que le fonds commun lorsqu'il sera dans un proche avenir mis à la disposition des accords donnera une impulsion nouvelle et dynamique aux négociations par produits.

Il faut être conscient que si les progrès ont été, jusqu'ici, lents, c'est parce que nous nous sommes attaqués à une tâche considérable en examinant ensemble la situation de dix-huit produits. Il n'est pas surprenant, compte tenu de la complexité et de la diversité des problèmes auxquels nos négociateurs ont dû faire face, que les résultats n'aient pas été à la mesure de nos ambitions.

Nous possédons, aujourd'hui, un acquis technique, nous allons bientôt posséder un instrument financier efficace, nous nous devons de les utiliser.

Le Gouvernement français reste persuadé que la stabilisation des cours des matières premières à des prix rémunérateurs pour les producteurs et équitables pour les consommateurs est dans la conjoncture actuelle, une action plus que jamais prioritaire. Prioritaire parce que de nombreux pays, notamment des pays en développement, demeurent encore très largement tributaires de ressources tirées de la vente des matières premières.

Prioritaire, parce que nous sommes tous concernés par les approvisionnements présents et futurs. Or ceux-ci ne peuvent être assurés que si la communauté internationale crée les conditions d'une croissance régulière et suffisante des investissements.

Nous ne devons pas, en effet, nous préoccuper des seuls problèmes immédiats, mais également bâtir en améliorant de façon durable et dans l'intérêt de tous les structures de production et d'échanges.

La priorité que nous souhaitons voir reconnaître à cette action ne doit pas, bien entendu, aboutir à freiner les réflexions entreprises dans d'autres enceintes en vue, soit d'améliorer les modalités de financement compensatoire, soit de valoriser les productions sur place lorsque les conditions s'y prêtent.

Le second secteur où nous pourrions mener une action mutuellement bénéfique est celui de l'énergie.

Comme vous le savez, la France a été l'un des premiers pays à souligner dès 1974 et 1975 le rôle nouveau qui incombait aux institutions financières internationales pour développer et mettre en valeur les ressources énergétiques des pays en développement importateurs de pétrole. Les préoccupations françaises ont reçu depuis, un large écho en de multiples occasions.

A la date d'aujourd'hui, nous pouvons penser que nous progressons dans la bonne direction. En janvier 1979, la Banque mondiale a arrêté un programme nouveau pour le développement des ressources énergétiques qui devrait permettre d'atteindre progressivement un rythme annuel de prêts de 1 milliard 200 millions de dollars.

En juin 1979, le président de la Banque mondiale se propose de tenir une Conférence technique de coordination des programmes d'aide énergétique. Nous aurons ainsi l'occasion de dresser un bilan provisoire de nos actions et de poursuivre l'analyse des perspectives énergétiques de chaque catégorie de pays importateurs.

Mais, la France est également prête à prendre part à une concertation plus large et à envisager la création d'un forum international sur l'énergie.

Le projet, formulé par le président des Etats-Unis du Mexique, M. Lopez Portillo, est à cet égard, intéressant. Nous sommes persuadés que notre Conférence qui s'intéresse à l'ensemble des problèmes d'interdépendance, pourrait jouer un rôle utile dans ce domaine.

2. La reconnaissance des contraintes et l'acceptation des responsabilités

On ne peut valablement œuvrer pour le bien commun si parallèlement on ne s'applique pas à prendre en considération les contraintes des partenaires.

C'est en référence à cette constatation que je voudrais examiner deux grandes questions au centre de nos préoccupations : l'endettement des pays en développement et le transfert des ressources d'une part, les conditions de l'équilibre des paiements internationaux d'autre part.

Depuis Nairobi, nous avons bien progressé sur la question de l'endettement comme je le rappelais tout à l'heure au nom de la Communauté.

Pour sa part, la France, comme beaucoup de pays, a souhaité mettre en œuvre la première partie de la résolution adoptée en mars 1978 ; je suis en mesure de vous confirmer aujourd'hui que le gouvernement français a l'intention de proposer au Parlement les mesures nécessaires pour procéder à l'annulation de la totalité des dettes contractées au titre de l'aide publique au développement par les pays les moins avancés suivants : Bangladesh, Bénin, Burundi, Comores, Empire Centrafricain, Guinée, Haute-Volta, Mali, Niger et Tchad.

Cet exercice d'annulation de dettes portera sur un montant de 747 millions de francs ; ce montant est à apprécier en fonction d'une première décision d'annulation de dettes intervenue en 1972 et en fonction du fait que la majeure partie de l'aide publique française en faveur de ces pays a pris la forme de dons.

Cet effort financier que mon pays va accomplir doit être compris comme la reconnaissance de la lourde contrainte économique que représente pour les pays les plus pauvres, le poids de leur endettement alors qu'il s'agit encore pour eux d'enclencher le processus du développement ; mais il faut bien être conscient que nous ne pouvons aller beaucoup au-delà, notamment en matière de réaménagement de dettes.

Vous le savez, mon pays attache traditionnellement une grande importance à la question délicate du réaménagement des dettes, compte tenu de l'expérience qu'il a acquise en présidant depuis vingt-trois ans des réunions multilatérales au cours desquelles se sont élaborées de nombreuses opérations de consolidation des dettes extérieures.

C'est fort de cette expérience, que je voudrais aujourd'hui vous exprimer ma conviction que pour parfaire la situation actuelle, il s'agit moins de créer des institutions nouvelles que de chercher à perfectionner les instruments existants que nous possédons.

La Commission internationale sur la dette que certains proposent de créer n'apporterait à mon avis, à supposer qu'elle puisse reposer sur la confiance des pays débiteurs et des pays créanciers, que des lourdeurs administratives dans des procédures dont tous les pays débiteurs savent qu'elles doivent être rapides pour être efficaces.

Plus intéressante me paraît être la décision récente d'inviter le secrétariat de la CNUCED à participer à titre d'observateur aux réunions multilatérales des pays créanciers. La France, quant à elle, est ouverte à toutes les suggestions qui pourraient utilement renforcer les procédures existantes, dans l'intérêt des pays débiteurs.

En fait, la meilleure manière de prévenir les excès d'endettement réside certainement dans un accroissement en volume et qualité de l'aide publique au développement.

Les déceptions des années récentes en matière de transfert de ressources démontrent les limites d'une attitude exclusivement politique ou morale.

Il faut que chacun d'entre nous, pays donneurs d'aide, nous arrivions à convaincre nos peuples que l'objet de ces transferts est de créer un potentiel de production additionnel, créateur d'emplois nouveaux et pourvoyeur de revenus supplémentaires, le meilleur gage pour le maintien de notre croissance.

Encore faut-il désarmer les méfiances réciproques, par exemple en matière d'investissements privés, et lever les craintes inutiles. Un peu plus de réalisme dans le débat traditionnel sur l'aide y aiderait.

Les conditions de l'équilibre des paiements internationaux sont un autre thème central de nos débats.

Les pays en développement souhaitent à juste titre réaliser un taux de croissance aussi élevé que possible. Cet objectif implique d'une part qu'ils puissent disposer de moyens de financement suffisants pour assurer un volume adéquat d'importations et d'autre part que leurs exportations puissent progresser à un rythme satisfaisant. En même temps il est demandé aux pays industrialisés de stimuler leur propre croissance et de maintenir une complète ouverture de leurs marchés aux importations en provenance des pays en développement.

Il y a là des objectifs qui ne peuvent être conciliés raisonnablement.

Il existe des limites, plus étroites aujourd'hui qu'hier, aux possibilités de croissance équilibrée des pays industriels. Franchir ces limites conduit à l'accélération de l'inflation, au déséquilibre extérieur et à l'instabilité monétaire. Les méconnaître c'est, à terme, renforcer les risques de remise en cause d'un système ouvert d'échanges. Nous devons donc approfondir nos réflexions et rechercher des objectifs qui ne conduisent pas à des contradictions ou à des difficultés à terme.

L'industrialisation est pour les pays en développement, un élément important de la croissance économique. Parce qu'elle va croissant, elle entraîne des modifications profondes des courants d'échanges et commence à poser de difficiles problèmes d'adaptation. Mais il nous faut regarder le long terme, moment où elle contribuera à améliorer la conjoncture internationale et à accroître la prospérité dans le monde.

Le gouvernement français est conscient de la nécessité d'intégrer cette dimension dans sa politique économique. D'ores et déjà, je peux vous dire que les mesures adoptées en vue d'accompagner les ajustements rendus nécessaires par l'ensemble des mutations auxquelles l'économie française est confrontée tiennent compte de cet élément.

Il est clair, cependant, qu'en régime d'économie libérale, l'intervention des gouvernements tend essentiellement à accompagner la tendance, à faciliter les mutations en en limitant l'impact souvent douloureux, sur le plan social. Par ailleurs, pour tout pays, le choix d'une politique d'ajustement s'effectue non seulement en fonction de données économiques mais également en tenant compte des structures sociales des problèmes liés à la sécurité des approvisionnements et, évidemment, des aspirations de la population.

C'est pour ces motifs que je dois, en toute franchise, indiquer qu'il ne me paraît pas réaliste de chercher à définir, en référence à des normes internationales uniformes, les mesures d'ajustement économiques que les diverses catégories de pays doivent adopter.

Il est utile que nous nous informions réciproquement de nos efforts et de nos problèmes, que nous cherchions, en commun, à accroître nos connaissances d'ensemble et à partager nos expériences. Il serait, en revanche, peu fructueux pour la coopération internationale de soumettre les politiques individuelles à l'examen critique ou directif de telle ou telle organisation internationale.

Il convient, en revanche, de chercher d'abord à réaliser un équilibre entre les grandes zones économiques du monde, pays de l'OCDE, pays de l'OPEP, pays en voie de développement plus avancés, autres pays en développement, pays à économie planifiée.

Dans les pays en développement, la nécessité d'une croissance rapide implique un besoin de financement externe à long terme. Ce besoin est d'autant plus important et durable que la croissance de la production dans les pays industrialisés est plus lente, ce qui pèse sur le rythme de progression des échanges mondiaux.

Il nous faut reconnaître ce besoin de financement de longue durée des pays en développement et en tirer les conséquences quand existent dans d'autres pays ces excédents de caractère structurels ou durables.

Ces excédents n'ont, pour le moment, été que pour une faible part, employés à répondre aux besoins durables des pays en développement. Ils ont été essentiellement affectés à des emplois liquides sur les marchés internationaux de capitaux. Il y a là une question fondamentale à laquelle notre assemblée doit s'attacher.

C'est un appel amical et confiant que j'adresse aux pays structurellement excédentaires, qu'ils soient industrialisés ou membres de l'OPEP. Disons-le nettement, ils ont la responsabilité historique de l'équilibre économique du monde pour les années à venir. En me tournant vers eux, c'est à leur lucidité autant qu'à leur générosité que je fais appel.

La France, pour ce qui la concerne, ne se dérobera pas à ses responsabilités.

Pendant les années difficiles qu'elle vient de traverser, en dépit du grave déséquilibre de ses paiements courants entraîné par la hausse des prix du pétrole, elle s'est efforcée de maintenir son effort d'aide publique au développement au niveau atteint.

Elle veut, l'équilibre retrouvé, reprendre sa marche en avant tant pour l'aide que pour l'ouverture de son marché des capitaux. Dès cette année, la France a proposé à la Banque mondiale d'emprunter un demi-milliard de francs.

Nous devons aussi veiller à l'adaptation permanente des institutions de Bretton Woods pour qu'elles puissent répondre aux besoins des pays membres.

Depuis trois ans, un effort d'adaptation très important des moyens du Fonds monétaire international a été réalisé, tant en ce qui concerne le volume des ressources disponibles que les modalités de leur utilisation, en vue d'une meilleure satisfaction des besoins de financement des pays en développement. La question des conditions des crédits a été longuement réexaminée récemment. Cet examen a abouti à une révision substantielle des règles de la conditionnalité qui devrait permettre aux pays en difficulté de recourir en temps opportun, aux concours du Fonds.

Bien évidemment, le processus d'adaptation du FMI est évolutif et ses organes compétents veilleront à sa poursuite.

Je voudrais sur ce point, rappeler le regret que m'a inspiré la récente allocation de DTS décidée par le FMI en septembre dernier. La clé de répartition utilisée, fondée exclusivement sur les quote-parts existantes, a conduit en effet à en distribuer une trop faible fraction aux pays en développement. Je souhaite que nous puissions réexaminer cette question pour les prochaines allocations éventuelles.

Une approche positive de l'interdépendance suppose enfin que l'on évalue, entre tous les membres de la Communauté internationale, la répartition du supplément de richesses produites et que l'on mette éventuellement en place des procédures correctrices au processus d'accumulation qui peuvent jouer au profit de quelques-uns.

Chacun sait que les performances commerciales globalement remarquables réalisées par les pays en développement au cours de la dernière période sont en réalité inégalement réparties.

L'usage que les pays en développement ont pu faire de diverses procédures ou systèmes d'encouragement mis en place par les pays industrialisés s'est révélé très variable d'un pays à l'autre. Certains pays sont devenus, en quelques années, des partenaires commerciaux importants et efficaces.

Le moment semble venu d'étudier les modalités de leur intégration à part entière, à égalité de droits et de devoirs, dans le jeu des relations commerciales internationales. Ce faisant, des occasions nouvelles s'offriraient probablement à d'autres pays actuellement moins favorisés.

Je m'empresse d'ajouter qu'il ne faut pas oublier prématurément les problèmes de développement interne que continuent dans bien des cas, à connaître les pays en développement quand ils ont connu des succès commerciaux.

Dans ma pensée, il serait peu raisonnable et inéquitable de leur réduire brutalement l'accès aux autres instruments du développement et notamment à l'aide publique.

En fait, il conviendrait de s'orienter vers la mise en place d'une aide à volume et conditions différenciées, les pays les moins avancés devant jouir d'un traitement privilégié, notamment auprès des institutions multilatérales.

Voici, Monsieur le Président, les réflexions et propositions que m'ont inspirées les questions inscrites à notre ordre du jour.

J'ai noté que celui-ci était ambitieux : c'est tout à la fois sa force et sa faiblesse. D'ores et déjà, de nombreuses propositions d'ordre institutionnel ont été faites ; elles sont un alibi trop commode à ceux qui voudraient éviter d'agir. Sachons les repousser car elles sont, je le crains, la voie de la facilité.

Monsieur le Président, mon pays, comme bien d'autres, attend beaucoup des débats de cette V[e] conférence du commerce et du développement de Manille. Je puis vous assurer que ma délégation s'emploiera à leur donner le caractère ouvert et constructif sans lequel nous ne pourrons progresser dans la voie d'une plus grande justice et d'une égalité plus perceptibles par tous.

Session ministérielle de l'O.C.D.E.
(3 - 4 juin 1980)

En 1978 et au début de 1979, les conditions d'une croissance plus rapide et mieux équilibrée étaient progressivement réunies dans la plupart de nos pays. Ces perspectives plus favorables ont été remises en cause par les hausses désordonnées et importantes du prix du pétrole qui se sont succédées jusqu'à maintenant et qui constituent désormais un second choc pétrolier, plus massif encore que le premier subi en 1973-1974. Face à ces difficultés, la coopération que nous nous attachons tous à développer suscite chez chacun de nous des réactions mêlées. La nécessité d'une coopération plus étroite et plus active apparaît plus évidente encore au moment même où ses progrès apparaissent bien modestes au regard des défis à relever et des problèmes à résoudre. En ce domaine, la voie est étroite entre la résignation qui s'accommode de la lenteur des progrès et l'utopie qui néglige la résistance des faits et des mentalités.

Plus que jamais, nous devons rechercher un équilibre efficace entre le réalisme et l'ambition. Chacun de nous doit compter d'abord sur lui-même : il y a des disciplines dont aucun de nous ne peut espérer s'affranchir. Mais le renforcement de la coopération entre les nations est la condition d'une plus grande efficacité des efforts de chacun.

1. Chaque pays doit d'abord compter sur lui-même

Nous connaissons bien aujourd'hui les conséquences d'un prélèvement sur nos ressources aussi important que celui qui est effectué par les pays exportateurs de pétrole, même si les circonstances sont assez différentes de celles du premier choc pétrolier.

A. Les effets du second choc pétrolier.

Depuis plusieurs mois, la hausse des prix s'est accélérée et le solde extérieur s'est dégradé dans pratiquement tous les pays développés, alors que l'activité se maintenait, en règle générale, à un assez haut niveau sous l'effet notamment de fortes anticipations inflationnistes. Au cours des prochains mois, les effets dépressifs du second choc pétrolier se manifesteront progressivement dans toute leur ampleur, au fur et à mesure qu'ils se généraliseront à l'ensemble de l'économie mondiale ; parallèlement, les rythmes de hausse des prix devraient décroître et les soldes extérieurs se stabiliser.

Bien que le second choc pétrolier soit supérieur au premier, ses conséquences devraient être moindres : d'une part, les déséquilibres initiaux étaient en règle générale plus importants qu'en 1973, d'autre part, l'expérience acquise doit permettre une adaptation plus rapide et plus efficace des comportements.

Mais dans bien des cas, les marges de manœuvre sont plus étroites aujourd'hui qu'il y a six ans : l'importance des déficits publics, le niveau du chômage et le poids de la contrainte extérieure se sont accrus et limitent les possibilités d'action.

B. L'adaptation des économies

La maîtrise des évolutions nominales et une répartition correcte du prélèvement sur les revenus intérieurs sont indispensables pour limiter l'ampleur et la durée des conséquences du second choc pétrolier. La persistance d'évolutions nominales excessives, qu'il s'agisse des prix, des revenus ou de la masse monétaire, accentuerait les déséquilibres extérieurs, perturberait les échanges internationaux et compromettrait la reprise de la croissance.

La progression de la masse monétaire doit être contenue dans les limites compatibles avec le ralentissement de la hausse des prix et une meilleure stabilité des taux de change. De même, il faut éviter que les finances publiques ou les entreprises supportent une part excessive du prélèvement effectué sur les revenus intérieurs.

Une trop forte dégradation de la situation financière des administrations ou, surtout, des entreprises retarderait peut-être mais aggraverait sûrement les effets dépressifs du choc pétrolier, alors même qu'elle en prolongerait et en amplifierait les effets inflationnistes.

S'il est un domaine où les leçons du premier choc pétrolier sont claires, c'est bien celui-là.

Mais, au-delà des évolutions et des actions du court terme l'effort d'adaptation des systèmes économiques doit être poursuivi et intensifié. Nous en connaissons les lignes de force pour en avoir souvent et longuement débattu ici.

Tout d'abord, les appareils productifs doivent s'adapter aux nouvelles conditions du développement de nos économies, dont témoignent la modification des structures de prix relatifs et l'évolution de la concurrence internationale.

Ensuite, la dépendance pétrolière doit être réduite par un double effort de limitation de la consommation globale d'énergie et de développement de certaines formes d'énergie comme l'énergie nucléaire et les énergies nouvelles. Les hausses récentes et leurs conséquences sont là pour nous montrer de quel prix se paye tout retard pris dans ce domaine.

Sur tous les points que j'ai évoqués, nul ne peut se décharger sur les autres des efforts qu'il lui revient de faire ; mais chacun peut attendre des efforts des autres qu'ils accroissent l'efficacité des siens propres.

2. La coopération entre les pays doit être renforcée

Je ne passerai pas ici en revue les nombreux domaines dans lesquels la coopération doit être renforcée. Je me limiterai d'une part, à quelques aspects de la coopération entre les pays développés et, d'autre part, au problème majeur des pays en développement.

A. La coopération entre pays développés

L'expérience récente a montré combien restaient insuffisantes la concertation et, à fortiori, la coopération entre les pays développés.

La politique monétaire a pris, au cours des dernières années et encore plus au cours des derniers mois, une place essentielle dans la lutte contre l'inflation. Toutefois les conditions de mise en œuvre diffèrent selon les pays et peuvent impliquer des évolutions très différenciées en matière de taux d'intérêt.

Mais des mouvements rapides et non concertés de taux d'intérêt peuvent perturber l'évolution des taux de change et des soldes extérieurs. Une plus grande stabilité des taux de change est nécessaire. Avec aujourd'hui plus d'un an de recul, la mise en œuvre du système monétaire européen a constitué une contribution importante à une évolution plus ordonnée des taux de change, non seulement pour les monnaies participant au système, mais également pour d'autres monnaies. La meilleure coordination des politiques économiques au sein du S.M.E. doit permettre d'accélérer la convergence des structures économiques et constituer un élément déterminant pour un retour à un fonctionnement plus satisfaisant du système monétaire international.

B. Les pays en développement

La situation des pays en développement non producteurs de pétrole a été à nouveau dégradée par le renchérissement important de l'énergie. Ces pays en subissent à la fois les effets directs, par un prélèvement extérieur accru, et les effets indirects, par l'accélération de l'inflation et le ralentissement de l'activité dans les pays développés qui réduisent le volume de leurs exportations et accroissent le coût de leurs importations. Le développement de ces pays est compromis par la nouvelle et importante aggravation de leur déficit extérieur qui dépassera cette année, selon les estimations du secrétariat de l'O.C.D.E., soixante-dix milliards de dollars. Certains d'entre eux connaissent d'ores et déjà une situation financière critique, qui se traduira notamment par de très sérieuses difficultés de refinancement de leur dette extérieure.

Dans le même temps, l'excédent des pays exportateurs de pétrole dépassera cent dix milliards de dollars. A l'évidence, les conditions de recyclage des excédents de ces pays doivent être adaptées à l'ampleur des masses financières en jeu et aux conditions du financement du développement des pays du tiers monde. Un effort particulier doit être fait pour l'Afrique, afin de mieux découvrir et exploiter les richesses du sous-sol, de développer la production alimentaire et de désenclaver de vastes zones isolées. L'action concertée pour le développement de l'Afrique constitue un premier pas dans cette voie.

Au moment où vont s'ouvrir d'importantes négociations globales, je voudrais ici évoquer un sujet particulier de préoccupation dans le cadre du dialogue Nord-Sud. En effet, la mise en œuvre du programme intégré des produits de base rencontre actuellement des difficultés. Certes, les négociations sur le fonds commun paraissent pouvoir être prochainement conclues et la France s'en félicite vivement. En revanche, l'état des négociations sur certains accords de produits, et je pense bien sûr au cacao et à l'étain, nous préoccupe : il faut que, dans ce domaine essentiel du dialogue nord-sud, nous fassions preuve d'une volonté accrue de parvenir à des résultats concrets.

Tels sont, Monsieur le Président, Messieurs les Ministres, les principaux points que je voulais brièvement évoquer au début de cette réunion.

Assemblée annuelle du Fonds monétaire international (septembre 1980)

Notre assemblée, cette année, restera pour l'histoire celle de la venue parmi nous des représentants légitimes du pays le plus peuplé du monde, héritier d'une tradition que nous admirons tous. Je voudrais que nos premières paroles soient pour saluer le gouverneur pour la Chine et lui dire avec quelle sympathie nous attendons la participation de son pays à nos institutions.

Qu'il me soit permis également de saluer avec chaleur l'entrée dans nos institutions du gouverneur pour le Zimbabwe, pays qui a trouvé avec éclat sa place dans la Communauté internationale, du gouverneur pour Sainte-Lucie et enfin du Gouverneur pour Saint-Vincent et les Grenadines.

Depuis notre assemblée annuelle de Belgrade, nos craintes ont été dans l'ensemble confirmées. Maintenant, alors que les conséquences du deuxième choc pétrolier se font pleinement sentir, nous savons qu'elles persisteront longtemps. Le ralentissement de la croissance, le sous-emploi des hommes et des capacités de production, l'inflation et les déséquilibres de paiements sont les perspectives du monde aujourd'hui.

La Communauté internationale ne peut accepter passivement une telle situation. Elle nous conduit à une accentuation des inégalités dans le monde ; gravement dommageable pour les pays industriels, elle est véritablement angoissante pour les pays en développement. En effet elle compromet les chances de ceux d'entre eux qui ont commencé à s'industrialiser ; elle condamne à la stagnation, à la faillite et peut-être au désespoir les plus pauvres d'entre eux.

Reconstruire un système économique international mieux équilibré qui redonne l'espoir aux hommes et en particulier aux plus pauvres d'entre eux, telle est notre tâche commune et urgente. La France est disposée à y participer activement.

1. Un déséquilibre grave qui renforce les inégalités

L'ampleur du déséquilibre que nous constatons cette année est bien sûr excessive. Mais le système bancaire international, qui a donné dans les années récentes la preuve de ses facultés d'adaptation, assure encore l'indispensable recyclage des capitaux avec une grande efficacité.

Ce qui m'inquiète le plus, c'est l'accumulation au cours des prochaines années de ces déséquilibres. Si elle se poursuit au rythme que l'on prévoit actuellement, elle aura sur l'économie mondiale des conséquences néfastes qui risquent d'être tragiques pour les pays les plus pauvres.

A. *Pour les pays développés* qui disposent d'une aisance matérielle certaine, d'un crédit international incontesté, et des ressources humaines formées importantes, ils doivent pouvoir s'adapter à la situation difficile qui résulte des chocs pétroliers successifs s'ils ont le courage de s'ajuster en réduisant leur dépendance énergétique et de poursuivre des politiques anti-inflationnistes rigoureuses.

Telle est bien la politique que le gouvernement français poursuit avec détermination et continuité. Elle a permis de préserver dans des conditions satisfaisantes un équilibre de notre balance des paiements courants malgré le renchérissement de notre facture pétrolière : en 1978, notre balance courante avait dégagé un excédent de 17 milliards de francs, ramené à 5 milliards en 1979. Cette année, nous serons évidemment en déficit mais celui-ci demeurera modeste et plus faible que dans la plupart des pays industrialisés (environ 25 milliards de francs), inférieur en tout état de cause à la répercussion de l'augmentation du coût de nos importations de pétrole. L'an prochain, notre déficit devrait encore être plus réduit.

A l'intérieur, nous avons maintenu et même renforcé le dispositif anti-inflationniste dont les deux piliers sont la maîtrise de la création monétaire et la rigueur budgétaire.

Déjà en réduction au cours des deux années précédentes, le taux de liquidité de l'économie diminuera sensiblement en 1980. En 1981 le ralentissement du rythme de croissance de la masse monétaire sera poursuivi. Ainsi pendant quatre années consécutives, il aura été créé en France moins de monnaie que de richesse.

Ce résultat a pu être obtenu grâce notamment à une stricte limitation du déficit budgétaire qui demeure en France très inférieur à celui des autres grands pays développés. En 1980 il est en effet de l'ordre de 1,5 % du P.N.B. et est, pour l'essentiel, financé sans appel à la création monétaire. En 1981 il devrait descendre à 1 %.

La persévérance dans la lutte contre l'inflation commence à porter ses fruits : la hausse des prix en France a connu son maximum au cours du printemps. L'an prochain, elle devrait redescendre en-dessous de 10 %.

Cette politique de rigueur n'a cependant pas empêché l'activité de se poursuivre à un rythme régulier : nous prévoyons la même progression en 1981 que cette année (+ 2,2 %).

Ce résultat n'a pu être obtenu que grâce à une transformation et un assainissement en profondeur de l'économie française. Pour favoriser le dynamisme des entreprises dans un climat de concurrence et de responsabilité, la libération des prix a été étendue à pratiquement tous les secteurs concurrentiels ; le marché financier a été considérablement développé et modernisé ; le contrôle des changes a été allégé ; la recherche constitue la priorité du projet de budget et des incitations fiscales importantes en faveur de l'investissement sont prévues.

Pour réduire la dépendance énergétique, nous avons mis en œuvre l'un des programmes à long terme les plus ambitieux puisqu'il a pour objectif de ramener en dix ans la part du pétrole de 56 % à 30 % de notre consommation d'énergie primaire. En 1990 notre production d'énergie d'origine nucléaire sera équivalente à nos importations pétrolières.

En conséquence, au sein du S.M.E. le franc est une monnaie stable et incontestée. Maintenant âgé de dix-huit mois, le S.M.E. a joué un grand rôle en faveur d'une plus grande stabilité sur les marchés des changes, objectif prioritaire de la communauté internationale.

B. *Pour les pays en développement* et tout particulièrement pour les plus démunis d'entre eux, une telle politique raisonnable de réduction de la dépendance énergétique et de rigueur s'impose mais elle ne peut suffire. En effet, ses effets ne peuvent être que progressifs et en attendant ces pays doivent continuer à pouvoir financer leurs déficits. Or, dans certains cas, ceci exigerait un endettement dépassant les limites de leur capacité de remboursement. Faute de pouvoir contracter ces nouveaux emprunts, ces pays devraient encore réduire leur activité pourtant déjà à peine suffisante pour assurer le maintien du faible niveau de vie de leurs habitants. Pour la France, une telle hypothèse n'est pas humainement acceptable.

Pour ces pays le dilemme n'est donc pas entre l'ajustement et le financement : il est indispensable à la fois qu'ils mènent des politiques rigoureuses pour contenir leurs déficits et qu'ils obtiennent les financements nécessaires pour y faire face.

Je suis convaincu que les marchés privés continueront à assurer la plus large part de ces financements. Cela exige cependant que les mécanismes existants ne se grippent pas et donc que la confiance soit maintenue : ceci exigera un rôle accru pour le FMI et un renforcement de l'aide publique au développement.

2. *Un F.M.I. plus actif*

Seul le F.M.I. dispose aujourd'hui de l'autorité et des ressources nécessaires pour aider les pays en développement à surmonter leurs déséquilibres. C'est pourquoi à Hambourg au printemps dernier j'avais souhaité un développement et une adaptation de ses interventions.

Je me réjouis de constater aujourd'hui que, grâce à l'action persévérante et lucide de son directeur général, le Fonds a entrepris d'adapter le contenu et la durée de ses programmes d'ajustement pour répondre aux difficultés nouvelles des pays en développement. Il a également recherché dans chaque cas à adapter le mieux possible ses interventions aux besoins spécifiques des pays en tenant compte des contraintes de leur développement à long terme.

Le succès de cette évolution vers une conception plus positive de la conditionnalité des concours est incontestable : au cours des derniers mois le nombre de pays qui ont mis en œuvre des programmes d'ajustement avec la collaboration du FMI a sensiblement augmenté et les tirages nets des pays en développement non pétroliers sont redevenus substantiellement positifs comme je l'avais souhaité.

Cette évolution vers une conception plus positive de la conditionnalité doit être renforcée. C'est pourquoi je souhaite que soit relevé le plafond d'utilisation des facilités conditionnelles du F.M.I. par exemple au moyen d'un plafond global annuel, que soit établie une facilité alimentaire, que les allocations de DTS qui doivent au demeurant rester modestes, bénéficient plus largement aux pays en développement et que le coût des tirages sur des facilités financées par emprunt, comme la facilité supplémentaire soit réduit. La France soutient l'idée de la constitution d'un compte de bonification alimenté par le Fonds fiduciaire et des contributions volontaires. Au nom du gouvernement français, j'indique que la France est prête à participer financièrement à la constitution de ce compte.

Le Fonds sera ainsi amené à prêter des montants plus élevés sur des durées plus longues. Le prolongement logique de cette transformation me paraît devoir être une collaboration renforcée et plus systématique avec la Banque mondiale. MM. de Larosière et McNamara ont déjà adopté des procédures constructives mais nous devons les inviter à aller encore plus loin dans ce domaine.

Ce renforcement de la contribution du Fonds au financement

des déséquilibres des pays en développement exigera d'autres ressources ; au-delà de la septième révision des quotes-parts, dont la mise en œuvre imminente est indispensable, j'encourage à nouveau les pays excédentaires à conclure rapidement avec le F.M.I. des accords d'emprunt à des conditions aussi concessionnelles que possible en prenant pour modèle par exemple ce que les Dix et la Suisse avaient fait en 1962 dans le cadre des accords généraux d'emprunt.

3. *Une aide publique au développement plus nécessaire que jamais*

Il est fréquent d'entendre aujourd'hui certaines des principales nations industrielles annoncer leur intention de réduire leur aide aux pays en développement déjà bien insuffisante. Ces déclarations m'inquiètent gravement au même titre que certaines tendances au protectionnisme.

Comment les pays du tiers monde échapperont-ils à la pauvreté ? Comment les plus avancés d'entre eux pourront-ils continuer leur industrialisation s'ils sont victimes à la fois du ralentissement de la progression du commerce international qui réduit leurs débouchés et d'une diminution de l'aide publique au développement ? Nous devons combattre vigoureusement la tentation de l'égoïsme et du repli sur soi.

En ce qui la concerne, la France considère qu'il convient de veiller à ce que les pays en développement puissent avoir un large accès aux marchés des pays développés. C'est ainsi qu'en 1979, malgré le ralentissement économique, elle a augmenté ses importations en provenance des pays en développement non producteurs de pétrole de plus de 25 %.

Par ailleurs, il est évident qu'un nombre important de pays en développement ne peuvent pas et ne pourront pas dans un avenir proche accéder à des financements privés qui seraient en tout état de cause trop coûteux pour eux. Une aide publique substantielle leur est indispensable. Je voudrais ici insister tout particulièrement sur la situation de l'Afrique subsaharienne.

Celle-ci est sous bien des aspects dramatique. Le Rapport sur le développement dans le monde est malheureusement trop éloquent sur ce sujet. Sans une action énergique, cette région verra au long de la prochaine décennie son retard par rapport aux autres pays en développement s'accroître dans des proportions particulièrement inquiétantes. Dans des zones de plus en plus vastes, la situation alimentaire déjà extrêmement fragile continue de se dégrader d'année en année. Pour éviter une catastrophe peut-être irrémédiable, aucune autre solution n'est possible que celle d'une véritable mobilisation des donneurs d'aide. C'est pourquoi la préparation du Programme d'action spécial de la Banque mondiale pour l'Afrique revêt une importance considérable. Ce programme doit permettre de donner aux financements du groupe de la Banque mondiale et plus particulièrement à ceux de l'AID une ampleur nouvelle dans cette région et de mobiliser des efforts exceptionnels des autres donneurs. Il serait incompréhensible que l'Afrique ne constitue pas pour tous les pays donneurs une priorité IMPÉRATIVE.

La France tentera, à la mesure de ses moyens, de participer à ce renforcement de l'aide publique au développement. Elle réaffirme sa détermination de faire tous ses efforts pour porter son aide à 0,70 % de son produit national au milieu de la décennie qui s'engage. Elle axera plus particulièrement son action de coopération vers l'agriculture et l'alimentation qui constituent probablement avec l'énergie, dont je parlerai dans un moment, les grandes priorités sectorielles de la prochaine décennie. A cet égard, mon pays est prêt à prendre toute sa part dans la prochaine reconstitution des ressources du F.I.D.A. Institution dont la vocation est d'aider d'abord les plus démunies dans les zones rurales.

En ce qui concerne plus spécifiquement le Groupe de la Banque Mondiale, il est essentiel que tous les efforts soient déployés pour que la VIe Reconstitution de l'A.I.D. devienne définitive dans les meilleurs délais.

Le développement des moyens dont, je l'espère, va prochainement disposer le Groupe de la Banque mondiale, doit, à mon sens, s'accompagner, pour s'adapter à la situation économique nouvelle d'un réexamen des priorités. J'ai déjà indiqué la place essentielle que revêtait à nos yeux l'Afrique. La Banque s'est par ailleurs engagée dans un programme de prêts d'ajustement structurel : la France en approuve les orientations et en suit, avec attention, l'application. La mise en œuvre de ce programme est une raison supplémentaire pour rendre indispensable une collaboration renforcée entre la Banque et le Fonds.

Il me semble également que la Banque pourrait jouer un rôle utile pour faciliter l'accès de certains pays au marché en octroyant des garanties partielles.

La France avait proposé, dès 1978, que la Banque intensifie ses activités dans le domaine énergétique. La mise en œuvre d'un programme nouveau, en 1979, avait très largement répondu à notre attente. Nous sommes tous conscients qu'il faut désormais aller encore plus loin. A cet égard, mon pays est très intéressé par le projet de création d'une filiale de la Banque spécialisée dans le domaine énergétique.

Ce que pourraient être ses modalités de fonctionnement reste encore à définir, mais il me paraît d'ores et déjà évident qu'une institution ne pourra voir le jour, et se développer, que si elle rassemble les efforts de tous ceux qui en ont les moyens et si, par ses caractéristiques, elle paraît suffisamment indépendante de chacun d'eux. Je souhaite que cette idée puisse rapidement aboutir.

Je voudrais, enfin, rendre un hommage tout particulier au nom de M. Giscard d'Estaing, Président de la République, et du gouvernement français, à M. McNamara, au moment où il s'apprête à quitter la Banque.

Vous avez su faire de la Banque, Monsieur le Président, un instrument exceptionnel dont la qualité est universellement appréciée. Pour votre inlassable détermination en faveur du développement, je tiens à joindre la parole de la France à celle de tous ceux qui vous expriment aujourd'hui leur profonde reconnaissance. Je suis convaincu que vos idées, nouvelles et courageuses, sur le développement, continueront à marquer profondément les travaux de nos institutions. J'espère qu'elles nous permettront de rendre nos actions, en faveur des pays les plus démunis du monde, toujours plus solidaires et plus efficaces.

Les années 80

(*Colloque international organisé à Paris par le ministre de l'Économie*)

Les uns et les autres, vous attendez avec impatience les interventions de nos invités. Permettez-moi cependant de prendre une minute pour remercier en votre nom toutes les personnalités qui ont accepté de participer à ces Rencontres. Permettez-moi également de saluer nos amis de province qui, grâce aux miracles de cette technique que l'on redoute parfois — nous aurons l'occasion d'en reparler —, assisteront en même temps que nous aux débats. Pour la première fois en effet dans une manifestation de ce genre, nous avons mis sur pied avec la participation des chambres de commerce de Bordeaux, Lyon, Marseille et Strasbourg, une retransmission en direct dans ces quatre villes. C'est un symbole de la décentralisation à laquelle j'attache beaucoup d'importance.

Au cours de ces deux soirées, nous aurons, je l'espère, l'occasion de dresser un panorama assez complet de la situation économique actuelle et surtout de réfléchir ensemble, avec un éclairage international, à la plupart des questions que vous vous posez. Nous passerons, en quatre tables rondes, d'un diagnostic sur les perspectives de l'économie mondiale à un examen des problèmes spécifiques aux sociétés industrielles. Nous n'esquiverons pas la grave question de l'emploi. Et en guise de synthèse, nous terminerons par un débat de nature plus politique, réunissant des personnalités ministérielles de la plupart des grands pays développés.

Mais pourquoi ce Colloque ? Pourquoi ces Rencontres ? Pourquoi les tenir maintenant ?

Le monde change et ce changement nous inquiète. L'actualité nous fournit régulièrement des informations qui justifient cette inquiétude.

En voici quatre que vous connaissez bien.

— Le déficit des pays pauvres pourrait, selon des prévisions récentes, atteindre 70 milliards de dollars en 1980. Un nombre croissant de pays parmi les plus pauvres est en situation de faillite.

— L'inflation, ce mal du siècle, atteint des niveaux records. Au premier trimestre de 1980, son rythme annuel a dépassé 15 % dans la zone OCDE.

— Le chômage frappe toutes les économies industrielles. Il touchera cette année 6 % de la population active des pays développés.

— Au niveau politique mondial, la tension a succédé à la détente dans plusieurs régions du monde.

Il n'est pas question de nier les difficultés. Mais je crois que le désarroi avec lequel certains entrent dans les années 80 n'est pas plus justifié que l'optimisme sans faille avec lequel nombre d'entre nous étaient rentrés dans les années 70.

Car si le monde change, il est aussi en progrès

— Certains pays qui étaient encore sous-développés il y a dix ans, sont devenus des partenaires industriels à part entière sur la scène mondiale.

— Dégagés des besoins les plus élémentaires, les habitants des pays occidentaux ont maintenant accédé à de nouveaux modes de vie.

— Dans les pays développés le sort de tous ceux qui subissent des handicaps du fait de leur situation de famille, de leur santé ou de leur emploi, a été considérablement amélioré.

— Dans la crise politique internationale, la concertation reste la règle et le dialogue doit continuer.

Le changement que connaît le monde est lié à une crise de croissance. Il importe de la comprendre

Le monde est un : nous sommes passés de l'ère des « économies-nations » à l'ère de l'économie mondiale.

La prise de conscience de cette unification constitue le véritable fait nouveau de ces dernières années. Elle ne s'arrête pas à la simple constatation du développement de la communication instantanée et de l'interdépendance croissante des économies. Il faut en apprécier toutes les conséquences de société. Elles sont planétaires et se situent au niveau des mouvements profonds qui, dans l'histoire, accompagnent les mutations, suscitant la régression ou le progrès.

Nous sommes dans la situation du voyageur qui, ayant franchi un col, débouche sur une vallée différente dont il doit apprendre à connaître les paysages et les habitants.

A chacun d'entre nous, hommes de réflexion ou d'action, les mutations structurelles que nous vivons commandent des changements profonds d'objectifs, de moyens et surtout de mentalité.

Croissance, emploi, modification des conditions de la production et du travail, protection sociale, rapports avec les pays en développement : nous avons à dégager de nouveaux comportements qui nous permettront de partir à la conquête de ce monde nouveau et de le maîtriser.

C'est de cela que j'aimerais que nous parlions au cours de ces Rencontres, pour analyser les faits et esquisser les choix.

Les faits

Des faits, j'en retiendrai quatre : l'énergie est chère et nécessaire ; la pauvreté s'accroît dans certaines parties du monde ; la société industrielle se transforme ; les valeurs changent.

Une énergie chère et nécessaire

Les données de la crise de l'énergie sont connues.

Le prix du pétrole a plus que décuplé en huit ans, passant de moins de 3 $ par baril avant 1973 à plus de 32 $ aujourd'hui.

Certes, le renchérissement de l'énergie était inévitable car la situation que nous connaissions avant 1973 était insoutenable à terme :

— elle conduisait au gaspillage d'une ressource qui n'est pas inépuisable ;

— elle n'incitait dans les pays développés ni à l'imagination, ni à la recherche ;

— elle occultait l'impérieuse nécessité d'un recyclage des richesses du monde.

Nous sommes désormais entrés dans un monde où l'énergie sera rare et chère.

Il faut savoir que la mise en place d'énergies de substitution sera coûteuse tant au niveau de la recherche que de la production. L'économie de demain devra être économe en énergie. Or une économie économe en énergie sera une économie gourmande en capitaux.

Mais, au point où nous en sommes arrivés, une augmentation trop forte ou trop brutale des prix de l'énergie risquerait de conduire à la déstabilisation des pays développés qui n'auraient pas le temps de s'adapter.

Cette déstabilisation se répercuterait fatalement sur les pays en voie de développement eux-mêmes, déjà durement frappés par la hausse du prix du pétrole.

L'accroissement de la pauvreté dans le Quart Monde

La situation des plus pauvres s'aggrave. — Je l'ai rappelé, le déficit des pays en développement, sous l'effet de l'augmentation des prix de l'énergie et des matières premières, s'élèvera probablement en 1980 à quelque 70 milliards de dollars.

Il faut savoir que pour 56 % des habitants des pays en voie de développement, le niveau moyen de revenu par tête est inférieur à 300 $ par an. Il faut savoir également que, du fait de l'accroissement démographique, ce revenu n'a augmenté en moyenne que de 0,2 % depuis 1970.

Cet appauvrissement du tiers monde est un double facteur de déstabilisation : économiquement, il met les pays pauvres dans l'incapacité de répondre à leurs besoins énergétiques et technologiques et il les condamne à une misère grandissante ; politiquement, il encourage les totalitarismes de toute nature, pourvoyeurs de course aux armements, et de guerre.

La déstabilisation des pays les plus pauvres mettrait d'ailleurs en danger la richesse et le développement du monde dans son ensemble : la crise actuelle montre bien les risques qu'une réduction de la demande internationale ferait courir aux économies industrielles. Les pays producteurs de pétrole eux-mêmes ne sont pas assurés du lendemain. Une économie mondiale stable et dynamique leur est nécessaire pour assurer leur développement et la valeur même de leur patrimoine.

Une société industrielle qui se transforme

La société industrielle connaît des changements profonds ; de nouveaux producteurs apparaissent sur la scène mondiale ; l'évolution technologique bouleverse les conditions de la production et du travail.

— *Les nouveaux producteurs sont-ils à terme, pour les économies industrielles, une chance ou une menace ?* — Leur apparition est un fait important. Mais j'ajouterai que, vis-à-vis de la plupart des pays d'exportation de produits à bon marché (comme la Corée du Sud par exemple), la balance commerciale d'un pays comme la France est régulièrement excédentaire.

— L'évolution technologique, la diffusion de l'électronique, de l'informatique, de la bureautique bouleversent déjà la structure des économies industrielles. Ces bouleversements iront en s'accélérant.

Nous parlions, il y a quelques années, du choc du futur : nous y sommes.

Déjà au Japon, fonctionnent des aciéries automatisées en quasi-totalité et demain, sans doute, d'autres grands secteurs comme l'automobile s'engageront-ils dans la voie de la production automatique.

Enfin, et de ces quatre faits,
c'est sans doute le plus important,
le changement des valeurs s'accélère

Il est caractérisé à mon sens par trois phénomènes :

— la faillite des dogmes du passé ;

— le refus des systèmes centralisés, et la volonté d'indépendance et de responsabilité ;

— l'aspiration à une autre qualité de vie.

Les dogmes n'expliquent plus le temps présent. Le marxisme a échoué dans la conduite des sociétés. Le keynésianisme ne suffit pas à résoudre nos problèmes économiques. Il est urgent d'abandonner dans tous les domaines les vieux débats hérités du XIXe siècle et de l'avant-guerre pour nous concentrer sur ceux du XXIe siècle. C'est à une nouvelle mutation intellectuelle qu'il faut nous atteler.

Le refus des dogmes s'accompagne de la condamnation du centralisme, générateur de bureaucratie. Les individus, comme les peuples, aspirent à l'indépendance et à la responsabilité.

Cette évolution profonde se traduit, en terme d'organisation économique et sociale, par la volonté d'accéder à une *qualité de vie différente.* Certes, les revendications matérielles sont essentielles. Mais il faut aussi répondre aux aspirations de responsabilité et de participation de chacun.

Sur le plan des mentalités, le fait nouveau de cette deuxième moitié du XXe siècle, c'est, en réaction contre la centralisation et la collectivisation, *l'irruption* de l'individu responsable et autonome. Cette irruption ne signifie pas la fin des projets collectifs. Elle rend indispensable la recherche de structures plus décentralisées où chacun trouvera sa part de responsabilité et de dignité.

Sur cela aussi — et je dirai même surtout sur cela — l'action économique doit désormais être fondée.

Ces faits qui dominent les années 80 mettent en évidence l'inadaptation de notre système d'action et de réflexion en matière économique :

— Inadaptation du *système financier international* qui se manifeste par l'inflation, par le déséquilibre des paiements extérieurs et par une dangereuse accumulation des surplus financiers dans certains pays producteurs de pétrole.

— Inadaptation des *systèmes productifs* qui, malgré les efforts d'économie, sont encore trop souvent fondés sur une consommation excessive d'énergie.

— Inadaptation des *Etats,* dont certains envisagent pourtant encore d'accroître le rôle, et d'augmenter les prélèvements sur les individus.

— Inadaptation de nos *rapports économiques* avec le Tiers Monde. Rapports qui sont fondés sur des relations de force, sans générosité, ou de charité sans efficacité.

— Inadaptation enfin de nos *relations sociales* qui font trop de place aux revendications d'ordre quantitatif et en laissent trop peu à l'imagination dans le domaine de l'organisation du travail et de la qualité de la vie.

Les choix

Il faut faire des choix. Il faut les faire vite :

— entre le repli sur soi ou l'ouverture ;

— entre l'égoïsme ou la solidarité ;

— entre l'assistance ou la responsabilité.

Le repli sur soi ou l'ouverture

Dans une période de crise, une nation a le choix entre le repli sur soi et l'ouverture, entre le malthusianisme et le progrès. La France, comme d'ailleurs tous les pays développés et comme toutes les autres nations industrielles, n'a d'autre choix possible que l'ouverture.

Dans le monde tel qu'il est aujourd'hui, les hommes, l'énergie, les matières premières, la technologie sont répartis entre toutes les nations ; or c'est par la seule combinaison de ces quatre facteurs que l'on réussira à asseoir le progrès et le développement.

Egoïsme ou solidarité

Dans les rapports entre plus riches et plus pauvres, il y a pour les premiers deux raisonnements possibles. Ou bien les pays riches estiment qu'il leur faut à tout prix tirer leur épingle du jeu et, dans cette hypothèse, si chacun agit de cette manière, il n'y a plus de jeu possible ; ou bien nous considérons que le problème de chacun est d'améliorer la donne de tout le monde.

Est-il besoin de souligner que l'altruisme bien compris n'est jamais tout à fait exempt d'intérêt de la part de celui qui l'exerce. En vérité, nous n'avons pas d'autre choix dans ce domaine que la solidarité.

Mieux que cela : nous n'avons pas d'autre choix que d'imaginer le plus rapidement possible des solutions qui permettront réellement d'améliorer la situation des pays les plus pauvres.

Telle qu'elle a été pratiquée jusqu'à présent, l'aide aux pays déshérités n'a pas été suffisamment efficace pour améliorer notablement cette situation.

C'est sur le principe même et les modalités de cette aide que je souhaiterais que votre réflexion soit décisive.

L'assistance ou la responsabilité

Dans les rapports entre l'État et les citoyens, dans les rapports entre les organisations sociales et les hommes, le choix est entre la centralisation et l'autonomie, entre l'assistance et la responsabilité.

L'initiative individuelle ou collective peut seule trouver les voies du progrès. La décentralisation des responsabilités doit donc se développer à tous les niveaux de l'économie. Elle est le garant de la compétition et par là le moteur de l'action.

Le souci de l'efficacité rejoint d'ailleurs l'aspiration de tous à l'autonomie. Contre les conceptions centralisatrices, il faut définir un nouveau rôle à l'État, il faut définir une organisation différente de la production, du travail. Il faut abandonner à tous les niveaux, dans tous les domaines, les voies de l'assistance et redonner à l'homme sa dignité et sa responsabilité.

Si je vous ai réunis pour ces deux journées de réflexion — vous qui venez des quatre coins du monde, vous qui venez de tout l'échiquier social et politique —, c'est pour que, ensemble, vous traciez les voies de l'accès à ce nouveau monde économique.

Ces faits que je viens de décrire et qui sont connus de tous ne marquent pas une rupture par rapport à ce que nous avons connu mais une accélération ; et cette accélération crée en perspective pour l'an 2000 un monde nouveau.

Ce monde nouveau est à notre portée ; il y a, de par le monde, un formidable potentiel humain à mobiliser. Il existe des réserves technologiques énormes à exploiter. Un nouveau projet économique est possible.

— Il est possible techniquement : par la création des infrastructures nécessaires et par des transferts de technologie dans les pays en développement ; ainsi que par une nouvelle évolution des structures de production dans les pays développés.

— Il est possible économiquement : les besoins à satisfaire sont énormes, le travail à accomplir est immense. Il faut se souvenir que dans toute l'histoire du monde les individus ont été plus créateurs de richesse que les systèmes ou les machines.

Pour explorer ce monde nouveau, pour le conquérir, nous avons besoin — vous me pardonnerez l'expression, mais elle me paraît à la mesure de l'enjeu — de *pionniers.*

Il nous faut, en effet, de l'imagination, du courage, et de la solidarité.

— *L'imagination,* c'est mettre en place des systèmes souples qui donnent à chacun — individus, associations, collectivités — des chances égales de s'exprimer et de réussir. C'est donner à l'homme la plénitude de ses capacités de créativité et de responsabilité.

— *Le courage,* c'est, face à l'inconnu du futur, savoir prendre des risques raisonnés.

— *La solidarité* enfin : le besoin le plus pressant, le plus dramatique peut-être, c'est que la solidarité internationale permette de traiter avec efficacité le problème des pays les plus pauvres de la planète.

Ils ont besoin de nous.

Nous avons besoin d'eux.

Dans tous ces domaines, Mesdames et Messieurs, la France attend beaucoup de vos réflexions et je vous remercie par avance de votre participation.

Note au Président de la République (13 mars 1981)

AMÉLIORER L'EMPLOI

L'amélioration de l'emploi constitue l'objectif essentiel des prochaines années. Les différentes mesures qui ont déjà été prises, ou celles qui pourraient l'être en matière de retraites ou de départs d'immigrés contribueront à cette amélioration, mais elles ne me paraissent pas permettre d'éviter que soit nettement franchi avant 1985 le seuil des deux millions de chômeurs.

De la capacité de notre économie à accroître, transformer et mieux utiliser ses équipements dépendront largement sa compétitivité et donc son aptitude à créer des emplois. Il est donc indispensable d'assurer la modernisation ou le remplacement des équipements, l'extension des capacités de production et des durées annuelles plus longues d'utilisation des matériels. D'une part, leur coût croissant doit être amorti sur des durées de vie plus courtes ; d'autre part, des durées annuelles d'utilisation nettement moins longues que chez nos principaux concurrents (japonais et allemands notamment) constituent un sérieux handicap pour notre compétitivité, en alourdissant les coûts et en freinant le développement de techniques nouvelles.

Le développement de techniques nouvelles de production et *un allongement de la durée annuelle d'utilisation des équipements* exigent des modifications souvent profondes de l'organisation du travail. Cette réorganisation impliquera en règle générale une réduction des temps de travail et un accroissement des effectifs employés.

Mais la participation d'un plus grand nombre à l'effort de production est aussi une nécessité politique : en effet, si les gains de productivité ont comme contrepartie une réduction des effectifs et une aggravation du chômage, les nécessaires transformations de l'appareil productif rencontreront des oppositions de plus en plus vives. La réduction de la durée du travail permettrait de concilier amélioration de la productivité et accroissement des effectifs.

La réduction de la durée du travail doit ainsi s'inscrire dans une stratégie visant à mobiliser toutes les forces du pays et à assurer un meilleur emploi des hommes et des équipements. Elle s'inscrira dans le mouvement historique des sociétés développées : utilisation plus efficace des ressources disponibles, aspiration à d'autres activités, réduction de la peine des hommes et des femmes au travail.

Parallèlement, *la fiscalisation progressive des allocations familiales* au cours des prochaines années contribuerait également à améliorer l'emploi.

Une réduction progressive à 35 heures de la durée hebdomadaire du travail, effectuée dans de « bonnes » conditions du point de vue de la compétitivité, et la fiscalisation, elle aussi progressive, des allocations familiales permettraient de créer de 400 à 600 000 emplois supplémentaires au cours des cinq prochaines années : l'enjeu est donc important.

1. Des difficultés sérieuses et durables

Après s'être stabilisées pendant un semestre, les demandes d'emploi progressent à nouveau très rapidement (+ 175 000 en quatre mois). Le nombre des chômeurs (au sens du BIT) devrait dépasser 1 800 000 cette année et, en l'absence de nouvelles mesures, le seuil des deux millions serait franchi dès 1983, la population disponible à la recherche d'un emploi continuant à progresser au même rythme que depuis 1974 (+ 150 000 par an environ).

Les difficultés de l'emploi sont durables et subsisteront bien au-delà de 1985. Si, après cette date, l'évolution démographique doit se traduire par un accroissement des ressources en main-d'œuvre moins rapide qu'actuellement, cet allégement ne doit pas être surestimé. D'une part, le flux annuel net d'arrivées sur le marché du travail sera vraisemblablement comparable à celui que nous avons connu de 1962 à 1968 avec un rythme annuel moyen de croissance de 5,5 %. D'autre part, le volume des créations nettes d'emploi restera longtemps limité par la contrainte extérieure et les transformations de l'appareil productif.

Face à ces difficultés, deux objectifs doivent être poursuivis : infléchir nettement les tendances spontanées de l'emploi à l'horizon 1985, ouvrir des perspectives d'amélioration à terme. Autant que le niveau absolu du chômage, c'est le caractère apparemment inéluctable de sa montée qui constitue un risque politique majeur. Il faut *redonner l'espoir* aux Français et particulièrement aux jeunes, dont le taux de chômage est élevé (plus de 15 % cette année) : en 1983, 27,5 % des Français de plus de dix-huit ans auront moins de trente ans.

2. *Une stratégie politique offensive*

L'efficacité de la plupart des mesures spécifiques en faveur de l'emploi dépend fortement des conditions de leur mise en œuvre, ces dernières à leur tour dépendant étroitement de facteurs sociopolitiques. Trois d'entre eux appellent une attention toute particulière.

— Les mentalités et les comportements se modifient progressivement, qu'il s'agisse par exemple de l'attitude à l'égard du travail ou de l'équilibre entre revendications quantitatives et aspirations qualitatives.

— Les organisations patronales et syndicales ont eu jusqu'ici une stratégie commune qui a pénalisé l'emploi : l'amélioration du revenu des actifs a été privilégiée au détriment d'un accroissement plus rapide de l'emploi.

— Les modes d'organisation de la production se caractérisent en

France par une grande rigidité : or des aménagements importants de l'organisation du travail sont souvent indispensables.

Il conviendra d'abord d'élargir les possibilités de choix, tant du côté de l'offre que de celui de la demande de travail. La plus large place devra être faite à la négociation et à la décentralisation. Le rôle du Gouvernement devrait être principalement *de fixer des objectifs* généraux, de *définir une règle du jeu* et, enfin, de *donner l'exemple* dans le secteur public. Souplesse et initiative doivent être les maîtres mots de l'action.

Le Gouvernement a pu donner l'impression de s'en tenir à une stratégie principalement défensive face aux difficultés de l'emploi. En partie pour cette raison, il fait aujourd'hui souvent figure de principal, sinon unique, responsable. Il doit désormais privilégier une *stratégie politique résolument offensive,* sans pour autant paraître renoncer aux orientations générales de la politique économique suivie jusqu'ici. Il doit aussi *mieux mettre en évidence la responsabilité collective face à l'emploi* et plus impliquer les différents partenaires dans la recherche en commun de solutions.

L'action menée pour accroître les atouts de notre économie (libération des prix, amélioration des mécanismes de financement...) était un préalable indispensable à toute recherche plus spécifique et plus active d'un meilleur emploi. En outre, certaines des orientations déjà suivies devront être non seulement maintenues, mais encore renforcées : modération des salaires du secteur public, limitation des charges sociales, amélioration de la formation professionnelle.

Mais d'autres mesures sont nécessaires si l'on veut infléchir significativement l'évolution prévisible du chômage. Il faudra privilégier, dans leur choix et dans leur présentation, celles qui s'insèrent dans une stratégie offensive.

3. Des orientations renforcées

Les grandes orientations de la politique économique doivent être maintenues. C'est ainsi qu'une maîtrise progressive de l'inflation doit rester un objectif prioritaire, car elle est une condition essentielle d'une meilleure compétitivité, d'une croissance plus rapide et de créations d'emplois plus nombreuses. De même, l'incitation aux économies d'énergie doit être poursuivie dans les secteurs où l'évolution des prix relatifs n'a qu'une influence limitée sur la demande d'énergie (logements, notamment sociaux, bâtiments administratifs...)

Mais certaines orientations déjà suivies devraient être renforcées.

A. La modération des salaires

Des résultats importants ont déjà été obtenus. Mais ils restent insuffisants, principalement dans le secteur public où la progression des salaires bruts n'a été en 1979 et 1980 qu'égale à celle enregistrée dans le secteur privé, après lui avoir été supérieure de près de 1 % en moyenne en 1977 et en 1978 (la progression des salaires publics nets étant, elle, supérieure de près de 1,5 % en moyenne de 1976 à 1979 à celle des salaires privés nets).

La modération des salaires doit être plus marquée là où la garantie de l'emploi est mieux assurée. La politique salariale dans le secteur public a valeur d'exemple et illustre les objectifs poursuivis par le Gouvernement. Ce dernier devrait utiliser l'impact politique de son action dans ce domaine pour faire mieux passer l'idée d'un arbitrage nécessaire entre revenu et emploi. Le succès de bien des actions qui peuvent être envisagées en faveur de l'emploi (telles celles relatives à la durée du travail) dépend de la prise de conscience collective de la nécessité d'un tel arbitrage.

En outre, une plus grande modération des salaires publics permettrait un accroissement plus rapide des emplois dans ce secteur sans aggravation excessive des charges correspondantes et constituerait ainsi la contrepartie politique et financière de recrutements plus nombreux dans le secteur public.

B. La modération des charges sociales

La modération des salaires est, bien entendu, en elle-même un facteur de modération des charges sociales des entreprises, mais elle est insuffisante.

— *La maîtrise des dépenses sociales* doit être nettement améliorée. Les résultats obtenus dans ce domaine sont très insuffisants : les perspectives actuelles d'évolution du Régime Général de Sécurité Sociale laissent craindre un très important déficit dès 1982, où il pourrait atteindre 20 milliards. Or tout accroissement des cotisations sociales des employeurs non seulement diminue la compétitivité des entreprises et affecte ainsi l'emploi, mais aussi pénalise plus particulièrement l'emploi en augmentant le coût relatif du travail et en favorisant des investissements de pure substitution de capital au travail.

— *Le financement des dépenses sociales* doit être mieux réparti et son poids sur les charges salariales du secteur productif réduit. Deux mesures peuvent à cet égard être envisagées. Tout d'abord, l'assiette du financement de l'indemnisation du chômage devrait être étendue aux salaires du secteur public, sans que les acquis du système conventionnel actuel soient compromis. Ensuite, il conviendrait d'étudier les conditions d'une fiscalisation partielle et progressive du financement des allocations familiales.

C. Les actions spécifiques en faveur de l'emploi

Plusieurs mesures importantes ont été prises en faveur de l'emploi : développement du travail à temps partiel, programme à moyen terme de formation professionnelle. Leur mise en œuvre ne manquera pas de se heurter soit à des contraintes financières, soit au conservatisme des comportements, qu'il s'agisse de l'extension de l'offre d'emplois à temps partiel dans le secteur public et dans le secteur privé ou du redéploiement de l'appareil éducatif. Il conviendra de veiller à ce que les objectifs fixés soient au minimum atteints.

En revanche, les mesures destinées à limiter la demande d'emploi de certaines catégories — femmes, immigrés, travailleurs âgés, voire jeunes — n'ont que des effets faibles sur l'emploi et le chômage, alors que leur coût est élevé. De plus, elles s'inscrivent dans une stratégie défensive face aux difficultés de l'emploi. Il convient ici de poursuivre les différentes actions déjà engagées (prestations familiales, aide au retour, revalorisation du travail manuel, garantie de ressources des travailleurs âgés...).

4. La réduction de la durée du travail

La durée du travail s'est réduite régulièrement de près d'une demi-heure par an de 1969 à 1977. Depuis, ce mouvement s'est ralenti de près de moitié, à l'approche du seuil de 40 heures.

La poursuite d'une baisse régulière du temps de travail, accompagnée d'un aménagement des horaires, peut constituer un progrès social important.

En revanche, le Gouvernement a adopté jusqu'ici une attitude très négative à l'égard de toute réduction de la durée du travail destinée à améliorer l'emploi.

Cette attitude paraît devoir être réexaminée aujourd'hui et une stratégie plus active suivie.

A. Un réexamen nécessaire

Pour stabiliser le chômage à son niveau actuel, il faut accroître de plus d'un million le nombre des emplois d'ici 1985, soit, par an, de quatre à cinq fois plus que de 1973 à 1980. Cet objectif — et même d'autres, moins ambitieux, comme une réduction de moitié seulement de l'accroissement tendanciel du chômage — ne pourra être atteint sans réduction de la durée du travail. Bien sûr, une stratégie de partage du travail peut paraître à priori « démobilisatrice ». Mais il est clair qu'un accroissement important du chômage aurait, aussi bien à court qu'à long terme, des effets plus démobilisateurs encore. A cet égard, le lien entre la productivité, la durée du travail et l'emploi doit être souligné. La nécessaire amélioration de la productivité aurait des effets négatifs sur l'emploi : un emploi plus large est aussi une condition d'un plus grand dynamisme collectif.

En outre, les conditions socio-politiques dans lesquelles peut aujourd'hui être abordé ce problème se sont nettement améliorées au cours de ces deux ou trois dernières années. A la revendication par les syndicats ouvriers d'une réduction du temps de travail uniforme, généralisée et à salaire inchangé s'est substituée, au-delà des discours encore parfois tenus, une prise de conscience des diverses contraintes.

— La baisse des temps de travail ne doit pas — spécialement dans l'industrie — entraîner une moindre utilisation des équipements. La durée de leur utilisation doit au contraire être au minimum maintenue et souvent accrue. Ceci suppose le plus souvent une modification importante de l'organisation de la production.

— A croissances données de la production et de la productivité, il n'est pas possible tout à la fois de réduire la durée du travail et de laisser évoluer les revenus comme si de rien n'était. Une réduction du pouvoir d'achat des salaires est indispensable là où les autres coûts unitaires de production (utilisation des équipements notamment) ne pourraient être suffisamment réduits, comme par exemple, dans une grande partie du secteur tertiaire.

Enfin, un risque ne doit pas être négligé : celui de devoir traiter ce problème dans un climat de « crise sociale », provoquée par une aggravation jugée inacceptable du chômage. Or, la plus mauvaise manière de l'aborder serait certainement de le faire dans de telles conditions : la recherche de solutions différenciées, l'adaptation des mentalités et des comportements, la progressivité de la mise en œuvre et l'équilibre entre les différents termes de la négociation (durée du travail, salaires, durée d'utilisation des équipements) qui sont indispensables, seraient d'utilisation alors très difficiles, sinon impossibles, à obtenir, alors que c'est aujourd'hui possible.

B. La stratégie

La ligne directrice devrait être de créer une dynamique de négociations, celles-ci devant se dérouler à un niveau suffisamment décentralisé pour tenir compte de la spécificité des problèmes et des solutions.

Il conviendrait d'abord de prendre une attitude plus nettement positive que jusqu'ici à l'égard de la réduction de la durée du travail. En dehors même de toute procédure contraignante, un tel affichage contribuerait à débloquer la situation. Il conviendrait, à ce stade, de souligner que trois termes doivent être abordés simultanément : durée du travail, salaires, organisation de la production. La modification de chacun d'eux dépend de celles apportées aux deux autres.

Pour engager le mouvement et « roder » les mécanismes de négociations, une priorité devrait être donnée au passage à la 5ᵉ équipe pour les travaux en continu. En effet, une telle extension concerne uniquement l'industrie, pose très clairement le problème d'arbitrage entre les trois termes évoqués ci-dessus, réunit des partenaires patronaux et syndicaux parmi les plus aptes à négocier dans le cadre souhaité, s'inscrit enfin dans la politique d'amélioration des conditions de travail. L'objectif pourrait être la généralisation à l'horizon 1983 ou 1984 de la 5ᵉ équipe dans les travaux en continu, où sont employés actuellement 500 000 salariés environ.

S'agissant des autres formes de réduction de la durée du travail, une grande souplesse est nécessaire pour tenir compte des différentes spécificités des entreprises et des types d'emploi. Si les négociations interprofessionnelles ne reprenaient pas dans des conditions satisfaisantes, certaines branches, comme l'UIMM, devraient être incitées à ouvrir leur propre négociation. Il faut envisager, pour étendre les négociations, de fixer un repère de durée effective du travail, par exemple 35 heures à l'horizon 1985.

Il conviendrait, comme cela a été fait pour le temps partiel, de neutraliser le poids des charges sociales, par rapport à la durée du travail et d'envisager, à terme et au vu des résultats des négociations, d'accroître le poids de certaines d'entre elles (par exemple les cotisations UNEDIC) pour les heures travaillées au-delà d'une certaine durée.

Les *risques* sont importants : un accroissement excessif des coûts de production réduirait la compétitivité et donc l'emploi. Les conditions de mise en œuvre d'une réduction de la durée du travail sont donc essentielles. Mais les risques doivent être rapprochés de *l'enjeu :* celui-ci, en termes d'emploi, est très important. On peut évaluer, avec toute la prudence qui s'impose pour une telle estimation, à 400 000 environ le nombre des emplois supplémentaires en 1985 si, à cette date, la durée effective du travail était ramenée, dans de « bonnes » conditions économiques, à 35 heures.

C. La présentation

La difficulté politique de présentation est évidente. D'une part, le Gouvernement a jusqu'ici écarté la réduction du temps de travail comme facteur d'amélioration de l'emploi en lui opposant la « voie de l'effort ». D'autre part, M. Mitterrand a récemment pris position sur ce problème dans les termes proches de ceux retenus ici, en ne mentionnant plus d'intervention de l'Etat, en prônant une négociation décentralisée et enfin en n'évoquant plus le maintien des salaires. Il faut donc introduire la réduction de la durée du travail dans le prolongement des orientations économiques du Gouvernement. La présentation politique pourrait être la suivante :

« De la capacité de notre économie à accroître, transformer et mieux utiliser ses équipements dépendront largement sa compétitivité et donc son aptitude à créer des emplois. Il est donc indispensable d'assurer la modernisation ou le remplacement des équipements, l'extension des capacités de production et l'utilisation plus intensive de matériels dont le coût croissant doit être amorti sur des durées plus courtes.

« Le développement de techniques nouvelles de production et *l'emploi plus intensif des équipements* exigent des modifications souvent profondes de l'organisation du travail. Cette réorganisation implique en règle générale une réduction des temps de travail et un accroissement des effectifs employés.

« Mais la participation d'un plus grand nombre à l'effort de production est aussi une nécessité politique : en effet, si les gains de productivité ont comme contrepartie une réduction des effectifs et une aggravation du chômage, les nécessaires transformations de l'appareil productif rencontreront des oppositions de plus en plus vives. *La réduction de la durée du travail* permet de concilier amélioration de la productivité et accroissement des effectifs.

« La réduction de la durée du travail doit ainsi s'inscrire dans une stratégie visant à *mobiliser toutes les forces du pays* et à assurer *un meilleur emploi* des hommes et des équipements. Elle s'inscrira dans le mouvement historique des sociétés développées : réduction de la peine des hommes et des femmes au travail, utilisation plus efficace des ressources disponibles, aspiration à d'autres activités. »

Des objections peuvent bien entendu être faites aux propositions précédentes, du point de vue notamment politiques et financier. Elles doivent être rapprochées des réflexions suivantes :

— Les perspectives spontanées d'aggravation du chômage sont politiquement et socialement inacceptables. Elles ne peuvent être nettement infléchies qu'au prix d'un effort collectif important.

— Les mentalités ont plus évolué ces dernières années qu'on ne le pense parfois. L'attitude des organisations patronales et syndicales s'est, en règle générale et à quelques exceptions près, progressivement mais nettement modifiée et les contraintes économiques qui enserrent toute solution sont aujourd'hui largement comprises. Le risque majeur n'est pas de surestimer cette évolution : c'est de la sous-estimer.

— Le coût réel des différentes mesures sera inférieur à celui qui pourra être estimé à priori : en effet toute amélioration de l'emploi allégera le coût global du chômage en réduisant les charges d'indemnisation et en accroissant l'assiette des recettes fiscales ou sociales.

— Une diminution du pouvoir d'achat dans certains cas se heurtera à des résistances, mais sera mieux acceptée si elle a pour objectif une amélioration de l'emploi que si elle est la conséquence de sa dégradation. Or un accroissement marqué du chômage accroîtrait dans de telles proportions le prélèvement sur les revenus nécessaires à son financement qu'une perte de pouvoir d'achat deviendrait inévitable.

TABLE

Table

ANNEXES

L'impression de ce livre
a été réalisée sur les presses
des Imprimeries Aubin
à Poitiers/Ligugé

Achevé d'imprimer le 17 décembre 1982
N° d'édition, 7761. — N° d'impression, L 15155
Dépôt légal, janvier 1983

Imprimé en France